大展好書 好書大展

大展好書 好書大展

社會人智囊

17

塑造堅強的個性

坂上肇 著

李玉瓊 譯

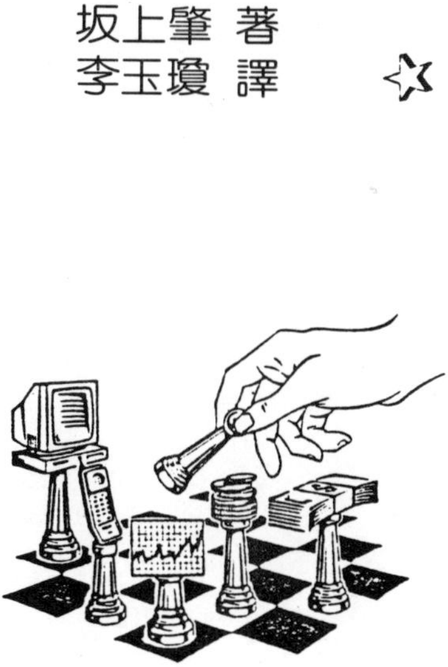

大展出版社有限公司

序　文

你的個性堅強？或懦弱？如果自認堅強且有百分之百的信心，也許不會閱讀本書吧。因此，我想你應有某種程度的懦弱意識。

但是，不必感到悲觀。因為，具有堅強意識的人，鮮少會努力使自己變得更堅強。但是，懦弱意識者會想辦法使自己變堅強，以結果而言，才能成為真正的堅強者。

人類的最大特徵之一是，具有將負面變成正面的可能性。而且，只要當事者有此自覺且奮發努力，正面傾向會隨著負面傾向的程度，呈現正比例的變化。這和擺子或鞦韆是相同的作用，稱為「劣等補償」。

曾經也是相當懦弱的我，察覺到這個事實後，立志自我改造、自我變身。結果誠如「劣等補償法則」所示，搖身一變為積極而堅強的人。同時，當時的我已屆而立。因此，你不可能辦不到。

懦弱的你該如何變為堅強的人？古人常以斷食、坐禪、水行……等方式做長期而嚴酷的修行。而你卻不必做這些修行。只要科學性地理解心理結構並給予活用。

換言之，只要正確理解意識、潛在意識的實態，學習且活用筆者所考察的「正面思考法」「正面觀念法」「正面印象法」。據我個人的經驗可斷言，不論何時何地，任何人都能實行，且效果卓著。

問題不在於目前的你處於何種懦弱狀態。自從你決定變身為堅強者，你已開始轉變。而且，不假時日，必能成為自己理想中的堅強者，並隨即引起周遭者的注意且指出這個事實。

如此一來，你的前程是燦爛輝煌而「一帆風順」。不論是健康、能力、人際關係、地位或財產，正所謂「所行之處無不可」。依你個人的想望而擁有成功，且能享受具有價值的人生。這是我以及實踐我的教義的任何人都親身體驗而具現的事實。

當你眼見有人站在貯藏莫大財產的金庫前，卻茫然無知而瞧著只有幾文錢的錢包，慨嘆：「我是何等貧乏的人啊！所有的財產只有這些。」你做何感想呢？

也許你會嗤笑此人的愚蠢。但如果你手上拿著那個金庫的鑰匙且知道開啓之法，你應會告知其事實吧。

因生性懦弱而煩惱者和這個人類似。一般人在潛在意識的金庫裡都儲存著稱為「堅強」而飽滿的財產。但是，事實上有許多人錯覺地以為目前的「懦弱」正是原本的自己，徒嘆自身的不幸。

「**悲哀就是愚蠢**」如果你是處於這樣的景況，請你務必拿起金庫的鑰匙打開金庫，取出其中所收藏的無盡財寶，盡情地使用。

而教導你這個金庫的鑰匙及其使用法的正是本書。如果不使用，簡直是暴殄天物。只要確實地使用，你的未來必是宏遠壯觀。

坂上肇

目錄

第二章 使自己成長茁壯的「堅強思考」

第三章
「寬宏的肚量」是人際成功的關鍵！

第四章

用「堅強」擊垮銅牆鐵壁

引　言

☆堅強的進擊改變人生

痛苦與煩惱雲消霧散！

我三歲的時候父親去世。由於母親再婚，於是和祖母二人相依爲命。而我的祖母也在我讀小學的時候仙逝。

在這種家庭環境長大的我，毫無幸福可言。其間曾有親戚、好友的溫暖保護與援助。但是，深深地體驗一般家庭長大的人無法比擬的寂寞。

而這樣的我，現在卻十足地享受過去難以想像的滿足感。

二次大戰後到東京的時候，既無落腳之處也有三餐之虞。曾經在上野的地下道和流浪人度過一夜。這樣的我，目前卻住在與我們夫婦二人顯得極不對稱的豪宅裡。

小時候在各地的親戚間，畏畏縮縮地取得三餐溫飽，而現在卻盡情地品味全國各地的名產、佳餚。

從前，我深受多數人物質與精神兩方面的恩惠，而目前則自食其力擁有令人滿意的收入。同時，現在也是一名扶輪社員，為世界各國的人們從事精神、經濟兩方面的奉獻活動。

感冒、腹痛、頭痛、對人恐懼症等的症狀……身心交疲甚至無數次認眞地想過「死才是安樂」。意圖自殺的我，現在卻擁有強壯健康的身體，已非昔日可以比擬。

從前的我無法和他人正面對視，但現在卻能站在上千的衆人面前公開演講。我覺得從前的壓力感、神經疲勞有如魔術般地消逝無蹤。

小學曾經擔任班長、學生代表。但是，那只限於周圍六公里的瀨戶內海的一個孤島內。後來到高等學校讀書後，隨著學年的生昇成績卻越來越差，在最後的學校甚至留級，最後以遞補的方式畢業。

這樣的我，目前已出版八十餘本著作，也經常在報紙、雜誌上執筆。同時，獲各地邀聘演講，也擔任大小企業的職員教育。

此外，我的人生產生了以下的變化。

〈在身心健康方面〉

一、本來慨嘆自身的不幸，目前卻過著充滿生存意義的生活。

二、本來充滿著不安、恐懼、悲傷，目前卻充滿著和平、喜悅、安適。

三、本來原本無法逃脫自卑的窠臼，目前卻充滿著自信。
四、目前非常喜愛原本瞧不起而討厭的自己。
五、不再在意逕自煩惱的過去。
六、原本以爲死亡才能得到安適，目前卻十足地感受到生存的意義。
七、原本爲失眠煩惱不已，現在卻已能熟睡。
八、脆弱的胃腸變強壯。

〈在職業方面〉

一、從事原本缺乏信心的工作而擁有自信。
二、非常滿足曾經感到不滿的工作。
三、對原本感到懷疑的潛在能力確信十足。
四、原本優柔寡斷，目前已具有決斷力。
五、具備判斷力。
六、對職業的將來性充滿著希望。

〈在人際關係方面〉

一、原本掛意他人的言行舉動，目前已不放在心上。
二、本來喜愛孤獨，現在卻從廣泛的交際中獲得樂趣。

三、對他人不再有警戒心。
四、對他人的好惡感越來越少。
五、已不再掛意他人的缺點。

造成我產生這些變化的原因是什麼?那是因爲我改變了自己的心態。換言之，我讓原本懦弱的自己變成堅強的人。希望您也能一掃懦弱的膽怯蟲，培養在自己的人生中變得堅強的最高方法。

隨時充實「氣」!

堅強或懦弱全與個人的「氣」之所持相關。那麼，氣到底爲何物?字典上的解釋是「①大氣、空氣。②煙、霞或表示某種狀況。③心、耐性、意志力。④氣勢、元氣。」

從這些解釋也能瞭解，「氣」可以當做是廣義的「心」。

因此，因爲宇宙也有心而有「空氣」這個語詞的誕生吧。其証明是，表示自然界的語詞中如「大氣、天氣、空氣、電氣、磁氣」等都附加著「氣」。

由此可見，所謂「氣」是本來存在於宇宙間的熱能，而認爲屬於宇宙一部份的人類也具備著「氣」，似乎也是正確的。

所以，自身的「氣」堅強或懦弱也絕非天生。隨著對宇宙之「氣」的用法，也會產生變化。因此，必須隨時充實著「氣」。氣的使用法懦弱時，變成「有氣無力」「提不起氣力」「器量狹小」「氣力分散」，做任何事只會變得消極而無法採取行動。

相反地，變得堅強時會使人產生「銳氣」並具有「氣慨」，遇到事情會「鼓足氣」採取行動。

因堅強而大大成功的狄摩西尼斯

人一旦變得堅強則無事不為的最佳例子是，希臘的狄摩西尼斯。

狄摩西尼斯出生於希臘的雅典，天生體弱又其貌不揚，再加上有嚴重口吃的毛病。因此，人們對他嘲笑怒罵而不理不睬。不幸的是，七歲時喪父，巨大的遺產被其叔父橫奪。

長大之後的他，對叔父的惡行大為憤怒而訴諸裁判。但是，不僅口吃且情緒過於亢奮的他，連一句話也無法發言。因此，對簿公堂而落敗，只能把悲憤的淚水往肚裡吞。

因這件事而奮發圖強的他，開始學習說話術。首先，為了建立強健的體魄，從事各式各樣的運動。而為了矯正醜陋的容貌，也站在鏡前不斷地練習表情或動作。

天生具有聳肩癖性的他，甚至從天花板垂吊觸及肩膀的利刃，預防肩膀的聳動。也為了避免想外出的衝動，刻意把頭髮剔掉一半。

而為了做發音、發聲練習，特地遠赴海邊，用不遜於洶湧波濤的聲音做演講的練習。為了增加肺活量而爬山，爲了讓疲倦時也能演講，甚至爬山後還做演講練習。同時，爲了做清楚發音的練習，還故意在口內放小石塊，讓舌頭處於不自由的狀態。

此外，向當時首屈一指的名演員學習發聲法，或躲在洞穴裡拼命地練習古來雄辯家的演說稿，直到滾瓜爛熟。

如此苦心練習的結果，終於在二十七歲成爲一名律師。二十九歲時出現於雅典的公會堂，徹底地攻擊當時對希臘懷抱野心的馬克多尼亞（Makedonija）的菲利浦王，在希臘國民面前展現他偉大的雄辯力。因爲這件事，就連英雄菲利浦也脫下冑甲，慨嘆地說：「雅典的軍隊再怎麼強大，我都有獲勝的自信。但是，令人畏懼的是狄摩西尼斯那三寸不爛之舌。」

此後他仍然以那偉大的雄辯力，向菲利浦王及其兒子亞歷山大帝抗戰，三十餘年來激動國民產生同仇敵愾之心。

從狄摩西尼斯的例子，我們發現即使在許多方面具有負面條件的人，一旦做事能貫徹堅強的意志，即能展現如此偉大的力量。

我也貫徹堅強鬥志而成功！

誠如前述，我本身也是把個人的想法觀念從「懦弱」轉變爲「堅強」，結果讓自己的人生產生重大的變化。

譬如，以工作方面而言，我辭掉教職之後，服務於某經營顧問公司。在該處工作後不久，有一次我因業務尚未熟悉，在工作上出現差錯，有一段時期從早到晚只被分派書寫信封收件者的工作。總之，被冰凍起來了。

雖然這乃是咎由自取，但每天被指派同樣的工作，對我而言是非常大的恥辱。但是，我並不爲此羞辱而折服。我抱著堅強的觀念，心想只要更加磨練自身的能力，終有一天有回報的機會來臨，於是利用工作的餘暇認眞地讀書。

而在那家公司的期間，我完成了個人首次的著作。「想寫書」——我一直抱著這個希望，而實現這個希望時的喜悅，簡直是飛上天的感覺一般。

從此之後，我開始向「第二本」的著作挑戰。這個願望也實現了。接下來是第三本……當它也具實呈現之後，我察覺自己的願望產生了美妙的變化。那是「接著以第五本爲目標！」的堅定意志。

第五本著作實現時，我何其堅強地又以兩倍的第十本著作爲目標。結果，第十本也終於實現。

同事間有人對我的成績讚賞不已。但是，其中也間接地聽到吹毛求疵的聲音。所謂「程度低！」「入門書罷了！」「工作中偷閒寫作！」——但是，我從不理會這些中傷。

我並非偷閒寫作，而是蒐集工作上的資料或情報，有助於寫作。對我而言，實現自己想做的事，不，自認必須做的事，必須有相當堅強的想法、行動。

也曾經發生這樣的事。某出版社曾向我邀稿，因此，我費盡心思花了數月的時間，把稿子寫完後寄送到出版社。結果竟然不被採用，原稿整筆被退回。正因爲自信滿滿而感到相當的悔恨。

朋友叫我至少向對方要求一半的稿費，但我卻斷然地拒絕。因爲，我自信好的東西絕對是好的。於是等候機會。

不久之後，我在其他出版社出版同一個企劃的書籍。所幸這本書賣得非常好。對當時的我而言擁有一筆極大的版稅，得意忘形的我，甚至在飯店舉行出版紀念感恩大會。

自從我經由上述親身體驗意志力、潛在能力的偉大事實之後，對任何事我都抱著堅強的觀念並付諸實行。

這種事根本辦不到，一定會輸、自己可能太勉強——做任何事應排除經常產生的這種意識，徹底地貫徹必會成功、實現、我不做誰來做——的意識。

結果，我的心中原本對人生所抱持的不安、不滿有如魔術般地雲消霧散。

任何人只要瞭解正確的方法，不久即能變成「堅強者」。而帶著堅強的意志走向人生，令人難以置信的光明前程將等候著你。

第一章

你馬上可以成爲堅強者

☆凡事都以「正面思考法」面對

你的思考是否隨時根據正確的理論或情報

我們的行動多半是由思考產生。因此，思考的內涵，對行動將造成絕對的影響。如果是負面思考法，換言之，想法觀念儒弱而消極，即使採取行動也無法全力發揮。因此，為了讓凡事都有成功的結果，必須讓我們的觀念隨時朝著堅強的方向。

如何思考及思考的內容，完全可由自己決定。只要有理論性的思考、條理分明的積極想法。我將它們綜合稱為「正面思考法」。相反地，感情用事型、不通情理、消極而儒弱的思考法則稱為「負面思考」。

我們一日的思考時間有限。把稀少的思考時間作用於負面思考上是愚蠢的。若要堅強而獲得成功，當然必須有助其一臂之力的思考方式。

內心的資料室中收藏著龐大的資訊。其量之龐大即使一秒抽取一個資料，窮究一生也無法取盡。而且，從現在到未來，其儲存量會一再地增加。

想從這些資料中取出有益的正面思考材料，全憑個人的思考方式才能達成。負面的思考法可以轉變爲正面。因此會影響我們的命運，且這一點可以由我們自己來支配。

做負面思考時，乃是這個思考果眞是基於正確的理論或情報的一種反省與檢討。如果理解負面思考是基於事實，且能說服第三者則無妨。但是，如果毫無根據，只是漫然地信從，只會被恥笑是盲信、狂信。難得所學的是科學性學問，卻採取這種態度，對個人是極大的損失。

碰到某種失敗時，負面思考型的人常會喪志而放棄成功之念。但是，正面思考型的人會從失敗中「學習」。誠如「失敗是成功之母」必可從失敗再次獲得成功。

若想在商場界或人生擁有成功，必須產生積極的企圖心，但是，負面思考型的人在窮究事物、百般思索之後，總帶著一種悲淒之感。但是，這種心態難以獲得成功，如果你希望成功，必須隨時帶著正面思考，讓自己變得堅強。

所謂正面思考法是指做建設性、積極性、理論性的思考方式。如此，你必能搖身一變爲堅強者。

在心理倉庫內只輸入正面思考

不論是正面或負面思考，完全是「心」的作用。那麼，心是什麼？

我們平常漫不經心地使用「心」這個語詞。但是，一旦被問及「心爲何物？」時，通常不知如何應對。

心之所持大大影響我們的行動。但是，鮮少有人眞正地理解。同時，這些人對於自己的心也無法隨心所欲地利用。

因不瞭解心的使用法而產生多數的悲劇。譬如，生病後氣力衰弱，對死的恐怖驚慌不已。其中甚至有人未曾患病，卻已抱著對疾病的恐懼感，過著心驚膽跳的生活。

同時，也有人運勢略有不暢，即陷入極度的煩惱而求死。更有甚者既無歹運的戲弄，卻唯恐有此下場而過著戰戰兢兢的日子。如此，無時使自己的心紛擾而陷入混亂，讓原本具有價值的人生無疾而終的人何其多。

而所謂的知識份子常見這種傾向，實在是件諷刺的事。這些人到底是爲何求取學問？難到不是爲了使自己獲得幸福嗎？

如此想來，讓懦弱轉變爲堅強，創造具有價值的人生，必須正確地理解「心爲何物」？心之機能可譬喻爲倉庫。倉庫是儲存、取出各式物品的地方，心的作用也完全一樣。換言之，有各種不同的想法觀念的輸入與送出。

實際的倉庫中通常儲存著有用的物品。但是，心的倉庫裡不僅是有用的觀念，也儲存著不少有如廢物的負面想法。而它也非靜悄悄地儲存而已，甚至有人會取出使用。結果自然會導致負面的結果。

而且，這個倉庫擠滿了當事者所發生的一切事情、知識、想法觀念等，幾乎是無限之大。

在心的倉庫內儲存何物，完全隨自身的想法而定。有時也會存放他人所輸入的東西。但是，如果當事者不願接受，根本無法儲存。即使他人把儲存物帶到倉庫之前，是否將其儲存於倉庫內，完全由當事者自身做判斷。

同時，自己也有取出何種資料使用的支配權。因爲，自己擁有倉庫的鑰匙。從中可以取出正面或負面的想法觀念。但是，可惜的是，多數人往往在無意識中會多量取出負面想法。有關這個問題容後再述。

總之，若想眞正順遂己意且堅強的生活，必須隨時在新的倉庫內儲存正面的物品，在必要時取出使用。

正面思考唯有完全「習慣化」才能成爲力量

我想在你的周遭中，應有表現自發性、創造性的態度而成功的人。相反地，應該也有缺乏幹勁與自信，態度懦弱且生活漫無目標的人。這乃是用心堅強或懦弱與否所造成的差別。

擅長用心的人，會發揮這個力量有助於成功，但不擅長的人則做出對成功毫無幫助的方法。不過，這樣的人只要記住正確的用心法，並應用在正面上也能成功。

爲什麼？

「進入意識內的想法如果被無意識接納，必會變成現實，在今後的生活中成爲永續性的要素。」

這乃是心的原理。只要順應這個原理，隨時在意識中充滿想要成功的想法，而讓無意識接納這個觀念，這個想法觀念必能成爲現實。

某個觀念會產生與之因應的動作、結果。因爲，心中所燃起的觀念會影響該人的行動。因此，問題乃在於如何才能具備深具效果的觀念。

譬如，「我們公司該不會倒閉吧？」「不會被炒魷魚吧？」「生病了該怎麼辦？」等等，有許多人把心思花在對自己毫無利益的疑問上。此外，也有人把氣用在嫉妒、羨慕、反感、壞感情等方面。請立即捨掉這些負面思考，讓自己隨時擁有積極而建設性的觀念。如此一來成功將指日可待。

若要憑自力獲得成功，必須完全割捨阻礙成功的語詞。尤其必須斷然地拒絕別人所說的負面語詞，如「不可能辦得到吧！」「還是放棄吧！」

但是，實際上這是很難辦到的。因爲，我們以往已儲存了太多的負面語詞。因此，經歷無數的失敗或有各種的煩惱。

但是，我們不會永遠變成這些負面語詞的犧牲者。只要把負面語詞轉換爲正面語詞，強化正面的觀念必能成功。

所以，若要實現自己的成功，必須消除對成功帶來負面影響的觀念。負面觀念既非自然形成也非遺傳。它們完全是根據過去的體驗而來。

因此，只要具備改變負面觀念而對自己的成功帶來正面影響的意志，這些觀念是可以改變的。而方法和吸收負面思考、感覺、自我認定的方式是一樣的。

☆誘導沉睡於心中的「堅強」

觀念支配行動的一切

我們的思考作用不論是正、負面，完全在當事者的意識下進行。這時，從潛在意識的倉庫不斷地輸入組合思考的材料，使某思考模式呈具體化。相當於組合思考的材料是觀念要素。

因此，思考的意識作用與觀念的潛在意識，經常密切相連。因此，做某種思考作用時，幾乎都以觀念要素爲依據。

由此不難明白，若要做積極的思考，觀念要素也必須處於正面的狀態。從這一點看來，做正面思考而分析心理的狀態，發現具有負面觀念時，將其轉換爲正面觀念是非常重要的。

換言之，在心理倉庫做一番大掃除，捨去負面的觀念要素。然後積極地引進具有實質幫助的觀念要素。

裝在水桶內的水如果有塵埃，只要洗淨水桶再換新的水。而心這個水桶中，如果有這類雜質，自然也要取淨這些負面物質。

當組合思考的材料之觀念要素是負面時，縱然有正面的思考也無濟於事。因此，首先必須把觀念要素變成正面。

具有負面觀念者，會誤用心的操縱法。以開車爲例，和胡亂駕駛是一樣的。若置之不理，有如縱容猛獸於市街橫行。

不論是正或負面觀念，一再地思考某個觀念時，慢慢地令人以爲那是眞實的。因此，這個觀念會一再地被強化。

相對地，如果採取理性的態度，可能會從中感到某些疑問。而在這些疑問尚未一一完全消除之前，觀念的力量將無法造成影響。

因此，對於正面觀念，最好不要做理性的判斷、分析與批評。即使以客觀而言它略有矛盾之處。

對觀念造成影響的媒體不勝枚舉。諸如文字化的語言、表達出來的語詞、眼睛所接觸的事物、親身經驗的事情等等。把這些當做觀念而儲存的結果，可能對自己有幫助也可能造成弊害。因此，如何利用正面思考誘導並操縱這些觀念要素乃是問題所在。

隨心所欲的活用潛在意識

心理作用中有「意識」與「潛在意識」之別。意識主要是「意志性」的作用，而潛在意識則產生所謂的「觀念」作用。簡單地說，是「覺得」與「認定」的差別。

我們以「禁煙」來思考其間的關係。

抽煙者中有人想要戒煙。這是意識的作用。但是，雖有此決心卻戒不了。爲什麼？那是因在心理某處存在著「自己無法戒煙」的認定。

意志與觀念，換言之，所覺與所認定的事起爭執時，何者較強？無庸置疑是「認定」獲勝。因此，前述的戒煙例子，由於「無法戒煙」的觀念較強，因此，「戒煙吧」的決意變得脆弱而被擊垮。

而意志與觀念一體化時，情況如何呢？它會產生理想的作用。

「香煙對身體不好。在經濟上也會造成浪費。」有此認定的人在意識上已能理解，因而意志與觀念達成一致。結果，不抽煙。

這個道理可涵蓋我們一切的行動。當意志與觀念同心協力時，會有了不起的作用。因此，以原理而言應讓意志與觀念一體化。

當兩者起爭執時該如何？碰到這種情況只要用意志讓觀念變成正面導向。

但是，這一點果眞辦得到嗎？

任何人都可憑意識做正、負面判斷。就連小偷也有「不可做小偷」的正面判斷。而翹課的學生也會判斷「翹課不好」；至於經常遲到、缺勤的上班族，也不認爲這是正當的行爲。

但觀念卻有明確的正、負面之分。舉例而言，正面觀念是名駒、負面觀念是劣馬。

相對地，意識是馬背上的騎士。誠如前述，騎士通常會做正確的判斷。騎士如果騎在名駒上，則有「無鞍上人則無鞍下馬」的結果。但，如果跨上劣馬，這匹劣馬會逕自亂跑，不會聽從騎士的指示。有時可能因此而造成墜馬。變成「怎會這樣？」的狀態。

面臨這樣的狀態，有何因應對策？可想到的方法是把劣馬調教爲名駒。若是一匹扶不起的劣馬，倒可以讓度給其他人。但是，隱藏在自己心中的劣馬，根本無法轉讓。因此，只有調教的方法。

以前述戒煙的例子而言，是把「無法戒煙！」的劣馬的實態轉換成「可以戒煙！」的一匹名駒。換言之，把負面觀念轉換爲正面觀念。

帶來堅強的「正面觀念」語法的條件

那麼，具體上該如何在心理深植正面觀念？

產生堅強的「正面觀念」的語法條件是，正確理解語言的性質並正確地活用。語詞可能變成當事者的主人或僕役，因此，它是對成功、失敗都會造成影響的道具。因此，必須充分地留意說話時的遣詞用句。

誠如前例所述，我把消極性、否定性、對成功無益、使人變得儒弱的語詞命名為「負面語」。相反地，積極性、肯定性、行動性、有助於成功的語詞則稱爲「正面語」。

負面語會帶給人們苦惱。而責難自己的語詞也屬於負面語。語詞具有創造力。因此，使用負面語時，會帶來負面的結果。

潛在意識沒有判斷能力。因此，憑意志所說出的語詞，會全盤接納並給予實現。這樣無異是語詞的奴隸。

習慣負面語的人，必須從這個束縛中解放自己。儘量使用有助於成功、生存意義、幸福的語詞。正面語是由正面觀念所表現的語詞。而我們可以憑意志選擇這些語詞，因此，必須做選擇，使其觀念化後深植於心。

而要讓正面語成爲觀念深植於心，必須活用「反覆效果的原則」。這是指每日反覆正面語詞。確實實行後必有相當的效果，在日常生活中產生推進力與活力。其反應的期間有個人差異。但是，每個人必有相當的反應，乃是無庸置疑的事實。

以下例舉具體的方法。

〈短而簡捷〉

「我和他人說話時，心裡總是七上八下，無法適切地說出話來，因此，我希望變得伶牙俐齒。」正面觀念語並不需如此囉嗦有如裹腳布。

「我可以輕鬆自在地說話！」儘量像這樣整理成簡短而簡捷的語句。

〈帶著肯定性〉

「我帶有訪問恐懼症，希望不再有恐懼感。」這樣的語詞是負面觀念語。「到任何地方都能輕易訪問。」像這樣盡可能做肯定性的表現。

〈不必附帶理由〉

意識會做判斷及分析，但潛在意識則毫無條件地接納觀念語。因此，「如果不勤快到客戶處訪問，無法提升業績，因而必須積極地採取行動。」如此附帶理由的方式並不需要。「

隨時主動進擊。」單刀直入即可。

〈斷言〉

「希望會討厭抽煙。」隱約透露希望的語詞的力量薄弱。「香煙苦澀，香煙難吃極了。」果敢地斷言。

〈**提出具體內容**〉

「我將成爲優秀的職員。」並非這般抽象的表現，而是「每月閱讀××本書。」儘量具體地舉出方法。

以上是針對各個問題的正面觀念語，而筆者想推薦一個最基本的觀念語是，

「所有的事越來越好，比現在更好。」

就寢前、起床前或在被窩裡反覆地唸誦這句話。可發出聲音或在內心裡默唸。全憑個人的喜好，不限次數。如此則會日漸強化正面觀念。

☆利用「印象強化法」使你更堅強

自我暗示的偉大神通

如果你渴望搖身一變爲堅強者，必須實行使其印象化而提早實現的方法。這是潛在意識的作用中極具特色的一點，希望各位能充分理解後並給予應用。

「企業形象」「形象商品」「提高形象」等等，我們經常使用「形象（印象）」這個語詞。何謂印象？它是如何形成？

以鑽石爲例。目前這裡並沒有一顆眞正的鑽石，但曾經看過者應可立即在心中浮現其影像吧。

俗稱鑽石切（diamondcut）的齊整形狀、切口、散發神秘性的獨特光芒、對手戴鑽戒者的追憶及渴望佔爲己有的慾望等，有關鑽石的各種感覺或精神活動綜合爲一，以栩栩如生的形體烙印在人們的意識中。這就是「印象」。

所謂印象是指對某事物、人透過視覺的印象所描繪、關連的各種記憶、好惡的感情、直覺的印象、對該物的價値判斷、慾求等的統稱。

印象的大部份由經驗而來。因此，未曾經驗的印象難以描繪。同時，所經歷的事物越少，印象的描繪也缺乏正確性。曾經出國旅行及無此經驗者之間，對異國的印象自然有別。

印象一旦固定化則難以變化。而且，通常對以後的人、物之精神活動造成暗示性的作用，且勝於理性的判斷部份。這一點可以推廣到自己的能力或行動而言。

把自己所希望實現的樣態形象化

自己對自身的形體或行動、能力所抱持的印象稱爲自我印象。自我印象是建立於以往自己各種不同的經驗記憶。而它對目前及未來的行動、思考具有決定性的影響力。

如果你希望改變顯得儒弱的行動模式，只要根本地改變自我印象。這一點誠如前述，必須把變成「堅強者」的自己的模樣印象化。在潛在意識內深深地烙印變得堅強而行動的自身模樣。

潛在意識無法區別實際經驗的事物與想像中的經驗。不論是那一種經驗，毫無條件地反應做爲印象或觀念所接納的事物。而應用這個原理的就是「正面印象法」。它的目的是對潛在意識造成作用，強化目標實現的結果之印象。

「正面印象法」的做法是，想像坐在電影的螢幕前觀看自己的電影。盡可能做細微的描述以接近現實。場所最好是安靜的地方。可能的話在床鋪內進行。躺臥在床鋪上放鬆全身，

徐緩地閉上眼反覆做數次深長的呼吸後，讓心情鬆弛下來。

全身達到鬆弛的氣氛後，接著在心中描繪印象。要領是描繪自己所希望的事情實現後的結果的印象。栩栩如生地描繪具體的結果，再反覆促使其實現的正面觀念。每晚持續做這項練習，直到印象變得鮮明且能切實地感應。時間並無限制。

最後，再一次綜合整理之前所敘述過，變成「堅強者」的方法。

人是有心的動物。而藉著改變心也可以改變行動模式。

懦弱者的心中常有負面思考的出入。若要變得堅強，必須具備隨時以積極前進、開朗的方式思考事物的正面思考法。

只要養成正面思考，心中將會充滿異於以往

的正面觀念。當這些觀念日益壯大，使你自身變成充滿著堅強行動力者的基礎會越來越堅固。

同時，隨時利用正面印象法，在心中反覆深植自己處事堅強無比的模樣，毫無疑問地你將變成「堅強者」。

從次章開始，將爲各位陳述在實際人生的各種「現場」中，如何驅使之前所說明的「堅強人轉換法」，分析其結果會使你的人生變得多麼燦爛輝煌。

第二章

使自己成長茁壯的「堅強思考」

☆任何事都放手一搏

「樂天思考」是充沛行動力的源頭

「事在人爲」此話一點也不差。客觀上處於同一狀態的事物，根據個人的想法觀念，結果可能產生正面效益或有負面結果。

譬如，在小酒館寄放洋酒的人，有些人看見酒量只剩一半的酒瓶，心想：「啊，只剩下一半。」而有人卻認爲：「還有一半」。對事物的狀態做何感想，完全是個人的自由。但是，那一種想法對當事者較有益呢？這可以從客觀的事實得到証明。

根據某心理學家所言，前者是「消沉的」的性格，後者是「開朗的」性格。

從前，某處有一個和尚叫皆喜禪師。這位和尚不論什麼時候都不會擺出一副悲傷、愁苦的臉孔。一年到頭笑容可掬，絕不發怒或發牢騷。也因而有皆喜禪師之名。

皆喜禪師對任何事都抱著樂觀的想法。譬如以下的情況。

- 天氣好時‖今天可以出外托缽，可喜可賀。
- 下雨天‖今天可以沉靜地坐禪，可喜可賀。

・有人造訪時‖有說話的對象，可喜可賀。

・無人來訪時‖可以慢慢地閱讀，可喜可賀。

・寒冷時‖冷得好。

・酷熱時‖熱得妙。

諸如這般對一切所有的事情懷抱可喜可賀之心。

這種樂天的思考法正是我所闡述的正面思考的典型。我想各位已然明白所有的事情都朝正面的方式去思考，對我們的積極行動將有何幫助了。

不論是任何人，在有生之年都會有所思考。如果思考方式都能如此積極前進，應無問題。但是，有時也會有負面或儒弱、消極的思考法。而這類負面思考的傾向較強。

這些人會使自己的生活及人生變得消極。因爲，思考法本身已對行動帶來莫大的影響。

本章將依本書的主題，嘗試把正面思考更換爲「堅強思考」、負面思考由「懦弱思考」取代。

在接下來所陳述的各種情況、人生不同的場合中，如果隨時能以堅強思考爲出發點，你的行動將變得堅強，且能使你所具備的能力更爲琢磨而增強。

相信做必會成功

「有做必成　不做不成　凡是不做則不爲人。」

有關這句話你做何感想？有些人相信「有做必成」而向目標達到挑戰。但是，其中也有人抱持：「做也可能無成」的想法。

經常和「有做必成」相提並論的是拿破崙的口頭禪：「不可能這個字，只出現在愚蠢者的字典裡。」

但是，關於這一點也有人持不同的意見：「他被流放到聖赫倫那島而結束一生。他自己不也是碰到不可能的壁壘而變成身敗名裂的人嗎？」這種人遇任何事都有這樣的想法。

東京奧林匹克運動大會時，人稱「魔鬼大松」的大松博文教練，率領女子排球隊連戰連勝，終於達成雄霸世界的偉業。而在此聲勢的助長下也當選參議院議員。這乃是「執著」的權力化，証明了「有做必成」的事實。

不過，有人則發議論：「但是，大松氏在下次的參議院議員選舉即落敗。你瞧，做了也不成嘛？」

其實，這種思考模式就和只要相信「有做必成」即能中獎券的第一特獎嗎？或可以當傳統以長男爲繼承人的公司的董事長嗎？之類的想法是一樣的。

相對地，所謂「堅強思考」、正面思考乃是有助於自己的慾望、目標達成、實現的想法、觀念。

因此，只要有堅強的思考，不論拿破崙或大松教練的結果如何，確實已曾經有過成功經驗；如果畏懼失敗，倒也可以無所事事過著平平凡凡的生活。

買獎券也是一樣。我並不認爲相信的人全數都會中獎。但是，只要購買即有中獎的可能，而事實上也有中獎者。不過，不買的人根本無法中獎。董事長的寶座也一樣。即使成爲公司董事長的夢想破碎，但所具備的經營能力絕不浪費。有朝一日也可以自立門戶成爲經營者。

從這些道理看來，我們是要找些正經八百的理由做，評論家式的思考而批評「有做必成」嗎？或者相信它並做「堅強思考」而付諸行動？各位已然明白那一種思考模式可以帶來好結果。

以「失敗創造成功」的意識全力進擊

自認做任何事都不順利的人或認定自己是失敗者的人，一定會有這樣的結果。那麼，該如何翻覆這樣的想法，使自己變得堅強而能採取行動？

唯一的方法是隨時想像自己是成功者。也許有人對此建議嗤之以鼻：「這不是自我安慰嗎?」但是，這樣的觀念正是問題所在。

幼兒開始學走路時，只因爲一心一意想要站起來，而跌跌撞撞反覆練習。看到這種景況的人，認爲這是失敗嗎?不會吧。我想每個人都認爲其中的每一個動作都是爲了能夠步行的過程。

因此，再怎麼跌跌撞撞，也沒人輕視之。相反地，心中必會燃起對幼兒奮力邁向成功所做的努力加以讚賞。

這不僅是幼兒的問題。這個道理可以涵蓋所有立志成功的人。多數人所認爲的失敗，事實上是邁向成功的過程。這也正是「失敗爲成功之母」的由來。

因此，當你也感覺失敗時，必須捨去這樣的觀念，把它當做是成功的過程。

譬如，推銷員拜訪選定爲目標的客戶時，通常會碰釘子。這時，懦弱思考型的人會把它做是失敗。但是，堅強思考型的人則認爲是成功的過程。因此，應該反省爲何被拒絕的原因，在下次的訪問中給予活用。

人稱超級推銷員者多半有這樣的經驗。這些人其實被客戶拒絕的件數最多。不過，問題是他們不把這些拒絕當做失敗，而認爲是一個過程。

日本職棒的近鐵球隊，有一個資深投手叫鈴木啓示。他是創下無數大紀錄的優秀選手，但這樣的優秀投手的紀錄中，竟然有一般人覺得不太名譽的紀錄，那是「被擊全壘打數居日

本第一」。

但是，據說鈴木投手本身一點也不認爲這項紀錄是不名譽的。縱然被擊出一支支的全壘打，但自己從不畏懼打者，每次都毫不留情地使出全力堅強地投球。結果，即使被對方奮力一棒而擊出全壘打，鈴木投手卻說：我一點也不後悔。

他絕不因爲所面對的打者是強打者，並因其最近打擊率極高，而利用變化球遁逃或使用四壞球以策安全。他可說是十足的堅強思考人的典型。

不論你經歷何種負面的經驗，請不要當做是失敗，而把它看成是邁向成功的過程吧。

如此一來，必可在潛在意識裡深植變成堅強者的印象。

其次，列舉把「討厭失敗」的儒弱思考轉換爲堅強思考的語詞。

〈失敗的意義〉

(1)並非失敗者。只是尚未成功。
(2)並非一事無成。而是學習了什麼。
(3)並非愚蠢者。而是抱持宏大信念的人。
(4)並非丟人現眼。而是積極地嘗試了。
(5)並非不恰當。而是有另外的方法。
(6)並非遜人一籌。而是尚未完全。
(7)並非浪費時間。而是必須重新再來。
(8)並非無法完成。而是需要再花時間。

只要熟習這種思考法，往後對任何事情都會有這種堅強的思考模式，使行動力倍增。

☆自信把「堅強的進擊」變成可能

你有意想不到的能力

身爲營業員幾乎無人不願伸展自己的能力。但是，一旦面臨實行的階段，往往遲疑不前。而這些人雖然原因出在自己的心理，卻以外在的條件做爲逃脫的藉口。

我曾經以某公司的中堅營業員爲對象，針對不實行能力開發的理由做問卷調查。結果，所列舉的理由高達三十餘項，如「沒有時間」、「沒有錢」、「先天條件差」、「疲憊」、「無人賞識」。

找理由搪塞、辯解的懦弱者，永遠沒有拯救。若能以堅強的態度面對能力開發，「可能性」是無限的。因此，必須有「有做必成」的堅強思考。

有關能力開發的堅強思考的基本，乃是相信「必能達成自己所希望的能力」、「我具有這種潛在能力」。

在此，試試你自身的信念有多強。請閱讀以下的項目，思考自己如何堅強地思考自身的能力並企圖給予拓展？請試著做自我檢查。

1 所想要的能力之價值，對你而言極高嗎？
2 若要實現這項能力，會心甘情願地支付任何代價嗎？
3 會因周遭的狀況而放棄能力開發嗎？
4 會因他人的意見而使決心挫折嗎？
5 可以持續爲開發創造性的能力而努力嗎？
6 毫無理由地自認〈辦不到〉嗎？
7 這個能力的慾望是否有使自己充分信服的根據？
8 自信別人辦得到的事情，自己不可能辦不到嗎？
9 該能力是否有違良心呢？
10 經常攝取能力開發所必要的情報嗎？

測驗的結果如何呢？十個問題都是堅強思考的模式則無從挑剔。但是，如果有儒弱思考也不成問題。總之，只要努力將它改變爲堅強思考。同時，只要有心任何人都辦得到。

不要以固定觀念思考自己的能力

家財萬貫，取之不盡用之不竭。而如此的大富翁卻不自覺，打開餘額僅存的錢包而哀嘆：

「啊，我眞是窮啊！一點錢也沒有。眞羨慕別人。」

面對此人你做何感想？

有人會覺得：「眞是個傻瓜。自己的財產那麼多，卻毫無所覺……。」而有人則認爲：「眞是可憐。有人告知其所擁有的財產就好了……。」

但有些人也許覺得：「那個人可憐極了。好吧，仔細告訴他財產在那裡。如此，他就幸福了。」總之，坐擁財富而茫然無知是太不幸了。

但是，營業員中也有觀念與此類似者。雖然擁有潛在能力這個偉大的財產，卻把問題放在目前自己所認可的能力，亦即顯在能力上，爲此感嘆或覺得自卑。這乃是典型的固定觀念者。

我在各公司企業召開講習會時，也有不少對自己缺乏自信的聽講生。譬如，抱怨自己腦筋差或用功的效果不彰。

但是，我卻認爲這種「懦弱」在根本上就已錯了。認爲自己不中用、能力差，看似非常瞭解自己，實質上對自己一無所知。

換言之，有關任何人都具有的「潛在能力」這個偉大財產，一點也不知道珍惜。幾乎知道它的存在，也無法理解使潛在能力茁壯將會帶來何種美妙的結果。

其實有多數不清楚自己能力的現狀，而輕易地給予否定的人。最恐怖的是「反覆效果的原則」。如果一直持有「自己是傻瓜、不中用的人。」之類的懦弱固定觀念，結果會被觀念所塑造。因爲，潛在意識不論是好、壞的事物，一旦接納爲觀念，具有毫無條件地反應的性質。

如果把這個原理和堅強的行動力結合在一起運用，情況會如何呢？「自己具有卓越的潛在能力」、「不論任何困難的事情，只要做必能成功」——若能在潛在意識裡深植這種信念，則是可喜可賀之事。

堅強的心由此誕生

你對目前的人生感到不安或不滿嗎？是否爲目前所做的工作或讀書、努力進行的事，擔心是否眞的適合自己而煩惱呢？

若有這樣的念頭，從今天開始就應捨棄如此懦弱的想法。同時，實際上這是可以辦得到的。

我有一位朋友，是非常成功的壽險外務員。此人本來是職業軍人。當時的位階極高，但因二次大戰戰敗而改變了他的命運。由於職業的關係，他一直以爲只有別人向他低頭，自己絕不在他人面前低頭。

但是，爲了生活進入壽險公司，跑業務拜訪客戶時，以往所秉持的觀念根本行不通。相反地，必須向任何人低頭哈腰，露出笑容說些奉承話。

對他而言，必須有一番極大的努力。但是，在不斷地努力之下，不可思議的是，他自己竟然也能適應這項工作。

對現在的他而言，這份工作有如天職。有做必成的堅強思考，使他贏得成功。

由此可見，人心的作用可以使人做無限的改變。雖然自己適合什麼？可以做什麼？有資質上的條件，但只要想法觀念的變更及努力，也可以由自己做決定。

在職者中，因目前的工作不適合自己而變得懦弱，這種態度本身正是問題所在。如果一直帶有這種負面觀念，絕對不會有好結果。心理的疑惑會帶來更大的迷惘，造成進退維谷的境地。

在三心兩意不知所以之前，不如拋開一切全心投入目前所做的工作。試圖改變對對象的想法。對象中必有自認深具價值的一面。你必須具體地找出來。然後當做正面觀念每日深植於自己的心中。

力行此法，不久心中必會產生變化。結果會對自己所從事的事物產生強烈興趣，並發出熱誠全力投入其中。

同時，即使面臨困難的事情，也能發揮不折不撓的堅強意志，並產生自己開創自己人生的自信。

割捨無謂的自尊心

所謂自尊心乃是「尊重自己的心」。這也是釋迦牟尼所說的「天上天下唯我獨尊」的精神。任何人在天地間都是以自己爲最尊貴的存在。絕不能蔑視自己乃是所謂的自尊心。

但是，有些人因渴望獲得他人極高的評價或更凸顯自己，在這種心態下而刻意標榜自身的地位、財產或家品，以和眞正的自己毫無關心的事物爲豪。

這並非自尊心。而是假的自尊心、虛幻的自尊心，乃是「懦弱」的表露。

換言之，對原本的自己缺乏自信，而以其他事物掩飾弱點，結果暴露個人的懦弱。

這乃是無法相信自己天生具有的價值，而倚賴其他事物的懦弱之心使然。

相信自己的能力，而擁有自信乃是培植堅強的心。它會變成強烈的信念引導個人走向成功。

出光興產的創業者，出光佐三氏當年從神戶高商畢業後即拜師學藝。當時的神戶高商是名校中的佼佼者。如此名門的畢業生卻當供人差使的學徒，一般人看來簡直荒唐。因此，出光佐三氏被同期的校友怒罵：「你是神戶高商的恥辱。」對這些同期生而言，自己的自尊心受到嚴重的傷害。

但是，出光氏之所以擔任學徒是有其理由的。

因爲，出光佐三氏從學生時代即認爲，學位雖重要卻不了不起。

他認爲大學畢業就不做食用油的零售商，如此變成學問奴隸的人是無法做大事、經營事業。唯有捨棄大學畢業的驕傲與文憑，親自踩著腳踏車四處兜售食用油才能從體驗中產生學問。結果成爲優秀的經營者。

換言之，這乃是學問也無法窮究的人間社會，人最重要，只要人有一番作爲凡事必能成功。徒有畢業証書的招搖也於事無補。

對抱持這種觀念的出光氏而言，同學的怒罵、恥笑根本不足掛齒。即使被人輕視也絕不因此變得儒弱。相反地，對於只能藉由招搖畢業証書才能感到自尊的人，倒是覺得可憐。

因此，出光興產在舉行新進職員入社典禮時，必有一項訓示：「丟掉畢業証書！」據說聽此訓示者各個大吃一驚，但出光氏卻說：

「你們曾經就讀的學校，事實上可以輕易地割捨。但是，今後所進入的實際社會絕對辦不到。到死也無法割捨。年紀越大越辦不到。而進入絕對無法分割的人間社會，如果仍然以可以輕易割捨的學問招搖，絕對會失敗。」

希望你能擁有眞正的自尊心並提高它的價值。同時，應該立即捨棄那愚蠢的虛幻自尊心。這種自尊心是「假堅強」，一旦發生某些障礙時，立即萎縮消弭。對人生有益的堅強行動力，絕對無法從此產生。

不要遲疑推銷自己

如果你要成爲一名成功的營業員，必須向相關業者推銷自己。但是，有些人並不喜歡這樣的行爲。其理由是，這樣的態度乃是自私自利。但是，自私自利果眞不行嗎？

自私自利並非全無可取。它也有用處。如果我們毫無自私自利之心，情況會如何呢？相信對成功所抱持的積極進取或對能力開發的意欲將因此而消失無蹤。

自私自利之心之所以不被看好，乃是對他人造成負面影響的情況。傷害他人而滿足利己之心是邪道的作爲。但是，只要性質並非如此，倒應獎勵利己之心。因爲，它會帶來衝動、進取、積極性，乃是堅強行動的原動力。從這個角度而言，我們更應該十足地發揮利己之心

，刻意推銷自己。

自古有言：「能鷹隱爪」。但是，即使身負絕技，若隱身埋名則失去獲得認可的機會。

若是眞正有實力的人，帶著「能鷹現爪」的觀念較為積極，有時甚至應帶著「能鷹出爪」的堅強態度。

譬如，在平庸無能的上司下工作的人，如果對這樣的上司克盡謙虛的態度，凡事都表示內斂含蓄的作為，絕對無法獲得賞識，以此情況而言，倒不必顧慮上司的感覺，儘量積極工作發揮能力。如此才能獲得其他上司對工作態度的認可與賞識。

對同事或先進也是一樣。過度表示謙虛的態度時，恐怕會被認為是「無爪之鷹」。

那麼，若要推銷自己的能力，該注意那些事？這個道理彷彿是公司內的宣傳與ＰＲ的關係。

宣傳與PR有何不同？宣傳是直接向消費者訴求商品或服務的優點。而PR則是一般企業爲了博得大衆的理解與好感所進行的活動。

在推銷自己時，應仔細地思考其間的差別。自我宣傳乃是一味地吹噓自己的好處，會使旁人感到難以忍受。

相對地，自我PR是以行動讓周遭者瞭解自己的優點，謀求他人的好感與信賴。因此，對於盡力於彼此理解的人際關係上極具效果。

大山梅雄是重建無數瀕臨破產邊緣的企業，人稱「重建社長」的經營之神。

經營手腕如此高妙的大山氏在自我PR這一點上，從不落人後。他曾在自己的著作『自己燃燒』中提起，推銷自己並使對方認同自己能力的「敢言敢行」是非常重要的。

而一般人似乎較熟悉「謹言慎行」。三寸不爛之舌滔滔訴說的人，給人輕率的印象。但是，大山氏非常明白這個道理而膽敢貫徹敢言敢行的生活理念。

換言之，他認爲在工作上若要展露頭角，並非等候一切條件齊整之後再做，或他人著手之後再做，而是自己堅強地向大衆宣言：「做給你們看！」親口表示出來會使內在產生一股無可抵擋的衝勁，讓這股衝勁付諸「實行」。

這也是「能鷹現爪、出爪」的堅強思考之行動典型。

帶著自己是行家的自信

據說釋迦牟尼是以五個尺度批評人物。五個尺度是「不在則傷腦筋的人」「希望他存在的人」「活著令人傷腦筋的人」「在不在無所謂的人」「最好是不存在的人」。

身爲營業員，若是經營者或上司寄予厚望的人，如「他不在就傷腦筋」「幸虧有他在，希望他一直在公司」，則堪稱行家。若被批評爲「在不在也無妨」則無法擔當大任。更遑論是被批評爲「活著令人傷腦筋」或「最好不在人間」。

何謂行家？每個人的解釋、想法各不相同。一般所謂的行家，傾向於意指運動界或藝能界的人。但是，它卻不是這些人的專利。所謂行家乃是各個範疇、行業裡的專家。

任何職業都有一流人物與平庸者之別。而行家並非做任何人都能做的事。而是具備一般人辦不到，尤其是外行人遠不可及的能力的人。

有關這一點，某人的定義是：「自己訂定所從事職業的目的，並給予挑戰且擁有必定達成的意願與實績的人。」而我的定義是：「擁有適合自己的目標，相信其可能性並持續實現的努力，且給予達成者。」

任何人都是以某種買賣爲生。相信你也不例外。你的公司必期待你的高效率、高生產，並根據你所符合的程度支付報酬。

美國的生涯開發指導家J・V・莎彌博士就主張，若要在商場上獲得成功，必須提高「才能市場性」。

所謂「才能市場性」，簡言之乃提高勞動市場中自己的價值。而這個「市場性」是由三個階段構成。

・步驟一〈準備〉

爲求成功，必須累積平常的努力。因此，以往的經驗乃是實現未來成功的「準備」。爲此，不可怠惰平常的用功、訓練。

・步驟二〈經驗〉

成功乃是藉由實行自己的工作或能力開發而實現。因此，必須有各種不同的經驗累積。以實際的行動去嘗試準備後所獲得的能力。

累積上述的經驗而提高自身的能力，即可實際運用而發揮能力。結果必能以實績獲得回報。

・步驟三〈個性〉

工作能力再高，若無吸引他人的個性，換言之，如果缺乏人際關係能力則無法成功。而更重要的是，向凡事積極挑戰的態度。認定必能成功的堅強思考之行動力極為重要。

沙彌博士認為，若無法具備以上三個要素，則無法提高「市場性」。

但是，營業員中卻有人不察此事。這些人的心態往往過於草率。但是，渴望成為一名獨當一面的營業員，必須捨去如此草率的觀念。

若要開發值得公司有意購買的能力並給予發揮，必須努力提高品質。如果缺乏值得購買的能力，卻又自恃過大，價格高估的「不當表示型」是無法獲得成功。

在這一方面，你的情況如何呢？如果自覺有問題，應利用堅強思考法讓自己產生「我是此道的行家」的自信。如此一來，不論任何時候你將變成充滿著積極行動力的堅強者。

☆立即從懦弱轉爲堅強

不是等候而是創造機會

有人生性恬淡，認爲「退一步海闊天空」。這種態度確實有其好處。但是，永遠採取這樣的態度而等候機會，倒是問題。因爲，這並非樂觀乃是消極。

機會可以比喻爲牡丹糕。如果想吃放在食櫃上的牡丹糕，卻期待它滾落到地，永遠也吃不著。除非有大地震而天搖地動，歪打正著地墜落在地。按耐不著內心的渴望極想吃時，應該伸手去拿。

但是，有些人會以伸手不及等理由而放棄。如果伸手不及，不妨找一張墊腳的椅子或踩在某人的肩上，必須發揮想辦法取得的積極精神。

自古以來，東洋人的思考模式乃是「風水輪流轉」。這個觀念是不必急急忙忙過人生，凡事都以「靜待等候」的態度即可擁有幸福。

但是，安田銀行的創始者，人稱明治銀行王的安田善次郎卻有另一種想法。他認爲：

「……俗諺說：『幸福指日可待』。這句話的意義是，若想擁有幸福，千萬不可焦急。

放寬心慢慢等候，幸福自然來臨。

世間人也有此想法，以爲降臨在幸福者身上的福份是出於偶然，而心羨不已。其實，幸福果眞靜待等候就能自然降臨嗎？

如果靜待等候就有幸福來臨，任何人都可高枕無憂，但事實卻不然。因爲，任何人都把『幸福等候即來』這句話搞錯了。其實『幸福並非等候即來』而是『製造再等候』。」

我們把「幸福」與「機會」對調來看即可清楚明白。機會並非靜候等待，而是有主動創造的態度。

希望你也不要漫然地等候，能積極創造機會。而其先決條件乃是隨時保持堅強思考模式，謀求自身的改變。只要自己的心態改變，當機會來臨時，即具備瞬間判斷並付諸行動的能力。同時，也能讓機會降臨在自己身上。

全心投入才有超強的行動力

在工作或人際關係上，一旦超越興趣的階段而達到「著迷」的心境，該人的能力會急速地伸展。

其原因爲何？我們以「戀愛」爲例做說明。

「著迷」的具體經驗，且是多數人曾經體驗過的是戀愛。談起戀愛任何人的五官機能都變得非常靈敏。動員視覺、聽覺、觸覺、味覺、嗅覺等各器官的感覺，爲戀人的一舉一動發揮全方位的作用。因此，稍有一些因緣際會，諸如碰到對方的指尖，胸口即噗通直跳，或在數百人的擁擠人潮中，一眼即看出對方的存在。

戀愛中人有相當旺盛的研究心。不僅是對方的姓名、年齡，就連其興趣、嗜好、出生地、家族關係等，想辦法窮究對方的一切情報。

這不僅只是努力與研究而已。更會想辦法揣摩博得對方好感的儀表？情書的寫法、談吐方式等。所謂「戀愛是智慧者」，戀愛中人的靈感的確是多采繽紛。

而共通的傾向是意志力的強化。譬如，縱然面臨巨大的障礙，爲了成就這段戀情，排除萬難，不畏兄弟姊妹的反對，即使赴湯蹈火或在槍林彈雨之下也在所不惜……所秉持的乃是不折不撓的精神。這個精神遇到越多的障礙與抵抗，反而越來越強化。

而且，這些一連串的態度，在第三者的眼中看來，似乎是徒勞無功或顯得愚蠢，但當事者卻不引以爲苦，反而處於一切皆爲喜樂的心理狀態。陷入俗稱「一往情深、甘之如飴」的心境。

諸如這般，當人面對由強烈慾望所凝聚的目標，會全身投入並排除萬難，帶著不成功誓不爲人的氣慨，發揮充滿著高度確信與熱情的行動力。而對工作「著迷」的人也一樣。那麼，如果是汽車的推銷員，情況會如何呢？

他會因「著迷」這份工作，使得五官機能變得極其靈敏。閱讀報章雜誌時，有關『汽車』的文字或報導，隨即映入眼簾。

在馬路上看見自己所經銷的車種，視線隨即為之一亮；或在寬廣的停車場上從多數的汽車中，隨即找到自己經銷的車種。對於顧客或汽車的研究心也極為旺盛。且會積極地針對各種推銷方式謀求創意而下功夫。

甚至不理會所謂『訪問恐怖症』，日夜不停地奔波、勞動。即使碰到顧客的閉門羹，也告訴自己：「推銷是從被拒絕開始。」遇到顧客的申訴，也認為：「水來土掩。申訴處理才是販賣的機會。」以堅強的態度面對一切。

由此可見，著迷乃是卓越行動力的源頭。

見苗頭不對立刻轉向的果斷

我們針對某個問題或事情，即使秉持堅強思考，有時也會因新情報的掌握、發現新事實或事態的變化，必須割捨原有的思考，轉換另一個新的思考模式。

以下是最好的例子。

這是松下幸之助先生少年時期的事情。有一天，他的母親聽說大阪貯金局（處理郵政儲金管理之處）正在招募小弟，於是告訴松下：「你沒有好好上學（註：小學四年級輟學）字也不太會寫，不如辭去公僕去當小弟，晚上到夜校就讀？」松下先生大感興趣，於是向父親商量，卻招來父親一頓怒斥。

「你擔任公僕已經三年。即使現在再讀夜校，也無法以學問揚名立萬。倒不如全心投入於商場界。做生意買賣，不識字也做得成。一旦成功還可以雇用許多優秀的人才。」

父親斷然地做此表示。因此，松下氏不再上學，一直持續公僕的工作直到十五歲。

松下先生從父親口中得知放棄學業選擇從商較有益處之後，完全放棄曾經懷抱希望的夜校求學，朝商場奮力前進。

松下先生日後曾說：「我覺得父親所言不差。如果當時我到夜校就讀，恐怕沒有今日的成功，即使從夜校畢業而進入公司服務，可能也是一名平凡的上班族而已。」

因此，松下先生對學問也抱著懷疑。學問雖重要，若不活用也一無是處。甚至可能造成負擔。自己因沒有窮究學問，反而不被固定觀念所束縛而能自由發揮。

有關松下先生的人生轉向，也能從作業員管理的態度窺見一般。那是把眼裡放不下作業員一絲一毫不正行爲的「潔癖」態度，轉換爲「適應主義」的管理態度。有關這一點，松下先生如是說：

「我經營插座工廠五年後，員工已達六、七十人。但是，有一個問題，那是精神方面的問題。

六、七十多人聚集一處，總會做出一些壞勾當。而我是相當神經質的人，往往爲此耿耿於懷。

但是，後來我發覺目前的日本到處是壞人。入監獄的有十萬人，不入監獄而做壞事的有五十萬人，合計約有六十萬人。當時的人口是六千萬人，相當於一百人中有一人是爲非作歹者。

當時的天皇陛下，和目前有天壤之別，儼然高高在上的神，但如此威嚴的天皇也無法消除壞人的存在。既然天皇陛下已能忍耐世間有百分之一的罪人，我想我這樣的商人怎能比天皇更難於釋懷呢。如此設想之後，反而能大膽地用人。」

像這個例子一般，原本所認爲的問題，只要改變想法，反而有正面的效應。因此，當你遇到某個問題已無挽回的餘地時，應該迅速地轉換方向。

在緊要關頭賭注自己的一切

筆者承蒙各地的企業公司禮聘指導員工的說話術。在這類場合，曾令我有非常矛盾之感嘆。那是聽講者的態度。因爲，出乎意外的有不少人令我懷疑，是否發自內心想學說話的技術。

這從發問的現象即可看出端倪。每當我問聽講者：「有什麼問題嗎？」現場一片沉默，大家似乎以爲有人會代替自己提出問題。

每個人有此想法時，結果沒有任何人提出問題。因此，當我反過來提問題時，無人可以作答。這表示不清楚我所說的內容。或許未曾察覺自己毫無所知。但是，如果存有問題意識，應該有人提出問題。

更糟糕的是，說話技巧的實習。在現場徵求志願者，從無人積極打前鋒。說好聽一點乃是謙讓的美德。但我卻不做如是想。總之，這乃是躲在自己的象牙塔內，缺乏打從內心願意去做的現象。冠冕堂皇地學習說話的技巧，但可能只是希望瞭解其道理的慾望而已。

眞正想要使自己擁有辯才，應該會主動要求實習，接受大家的批評，也希望筆者給予指導。這不正是「千載難逢的機會」嗎？每個人卻表現退避三舍的模樣，無疑是無法在緊要關頭賭注一切的消極表現。

有許多人就是因這種懦弱的態度，而把放手一做必成功的事情搞得一塌糊塗。不過，這樣的人如果能夠把想法觀念改變爲堅強思考，必能達成目標。而重要的是，必須察覺這個眞理。

在最緊要關頭賭注一切而成功的最佳例子是，古巴的瑪俐歐・拉佐律師的經驗。美國的『Time 雜誌』曾介紹他是位「像銀一般爽朗的雄辯家」。他到底如何擁有如此高的評價？

美國有一位天才話術師狄爾・卡內基。他在全美各地開辦「說話技巧教室」。某天，一通電報傳到卡內基的事務所。那是瑪俐歐・拉佐寄來的。電報的內容是：「我希望到貴處練習演說。」而且，他不等候回音，立即前來卡內基的事務所。

他爲何如此地焦急呢？原來他所屬的巴巴那鄉村俱樂部，不久將舉行創立者的五十歲生日祝賀會。那時不僅要獻贈獎盃，而最重要的是要舉行一場演講。

但是，他卻未曾有過演說的經驗。一想到在衆人面前演說，即因恐懼而全身萎縮。但是，卻不能因此而不上台演說。不知如何是好的他，只好造訪卡內基。

他在美國停留的期間是三星期。在這期間內，無論如何必須學會演說。因此，他在卡內基的建議之下，每晚到三～四個說話技巧教室，勤奮練習演講。結果而贏得『Time 雜誌』的讚賞。

他練習演說的次數，前後總共幾回呢？依我個人的推測大約是七十回左右。一日三～四回，連續三星期約二十日。這是依此數字概算的結果。

這個事實對於我們的能力帶來許多的暗示。

有許多人慨嘆自己口齒笨拙。但，卻鮮少有人下定決心把口才練好。多數人只是茫然地抱著有一副好口才的希望。雖然其中有人下定決心要好好練習，但這種人也多半一曝十寒。

也許像瑪俐歐・拉佐如此徹底做訓練的人微乎其微。但是，有所追求而想要實現時，必須有相當的努力，且應該在緊要的關頭下一番賭注。

「大膽」的決斷，「細心」的判斷

也許有人以為決斷力只是堅強往前進擊的意志力，其實不然。最重要的是大膽卻又基於細心判斷的決斷力。

「突躍猛進」「唐吉哥德型」的行動，最後並無任何成果。雖然我們不可畏懼失敗，但一再反覆曾經經驗的失敗則毫無意義。

人生有無數必須下決斷的時候。這時的選擇可能決定未來的光明與否。

本田宗一郎先生乃是從位於濱松的一家小汽車修理場起步，最後建立世界第一摩托車廠的本田技研之經營者。

本田氏在經營上所做的大膽決斷，留下不少傳爲美談的插曲，在此爲各位介紹本田氏尚是修理工廠的年輕董事長時的一則小故事。

當時，本田氏所經營的是汽車修理廠，名叫亞特商會。約有五十名作業員，由於引擎修理的技術超群，公司的經營極爲繁榮，成爲東海道首屈一指的公司。

但是，本田氏突然斷然地廢棄如此營利的工廠。這簡直是大膽無比的決斷。他認爲：「修理廠終究是修理廠，無法變成廠商。」於是開始著手汽車活塞環的製造。

瞬間解散繁榮昌盛的公司，卻向艱苦的廠商定位挑戰，這種乍看下有勇無謀的決斷，只有本田氏辦得到。

但是，本田氏卻非「唐吉哥德」。自知對活塞環製造毫無基礎知識的本田氏，以二十七歲的高齡成爲濱松高等工業學校的聽講生，從基礎開始學習鐵器鑄造。

結果，讓本田氏眞正體會「智慧就是力量」。他根據學校所獲得的知識，一再進行品質改良，終於鑄造優秀的活塞環。而公司也因此大幅拓展業績。乍看下顯得有勇無謀的決斷，正是有如此細心的判斷才能踏上成功之道。

由此可見，美國「登陸月球成功」一事可說是在重要關頭做好充分準備，斷然地以大膽而堅強的態度執行計劃的典型例子。

身爲ＮＡＳＡ（美國航空宇宙局）的研究員，也是日本宇宙科學研究最高權威的大林辰藏氏的著作『根據NΛSA方式的危機管理學』，關於這件盛事有詳細的描述。

著作中指稱，在如此宏大的嘗試中，最重要的是「WHAT IF」。換言之，「如果發生某種狀況，該怎麼辦？」假想可能發生的各種危險狀況，窮盡各類技術領域，反覆細心的演練。

唯有事前做好如此完善的準備，才能實現空前僅有的登陸月球之大膽冒險。

這樣的構想法並不只限於宇宙旅行之類豪壯的嘗試，一般的企業，甚至我們個人在做任何事情時，都極其重要。

決斷必須大膽。但是，這時應有膽大而細心的判斷。這一點需要有相當大的「肚量」。而唯有此番「堅強」才能帶來成功。

第三章

「寬宏的肚量」是人際成功的關鍵

☆「說大人則藐之」

看清楚值得倚賴者乃是「自己」

世間人互相扶持而立身，由人之字即可一目了然。

任何人都歸屬於家族、職場、地區、社會等各種集團，在日常生活中彼此互相倚賴、協助而生活。

互相倚賴乃人際關係的基本。但是，我們往往把「倚賴他人」的眞意弄錯了。

想要倚賴的心，追根究底乃是希望從對方身上獲得有形、無形利益的心。而懦弱者腦中所想，全是從對方身上求取所需，無法積極地開拓自己的人生。

那麼，該如何才能以堅強的態度改變人際關係，更積極而有生產性地開拓交際的範圍？

這一點必須貫徹一個想法：人生中眞正值得倚賴的唯有自己。並且應該知道人際關係中的「因果法則」。

這個法則關係著原因與結果，不僅是人際關係，乃是人生整體的基本。簡言之，這乃是「付出！否則無法接受！」的眞理。

對他人付出愛情，必能獲得他人的感謝、尊敬。相反地，表現蔑視、拒絕的態度，對方也會以相同的感情回應。這並非約定或規則使然，乃是人類自然感情的流露。

有關這一點，珍瑪曼曾說：

「宇宙會回報所有的人。當人展露笑容，立即以笑容回應該人。若擺出一副撲克牌臉，立即頂回一張撲克牌臉。當人唱起歌，必有愉快的同伴給予招待。動腦思索，即能獲得思想家所賦予的樂趣。當人熱愛世界並熱心地追求善時，身邊將有許多感情豐富的朋友，同時，全世界的寶貝將傾注在該人的膝蓋之上。」

因此，如果你想改變以往懦弱的人際關係，應思考該賦予周遭者什麼？並付諸實踐。這並非物質或金錢，而是一種精神。

尤其最重要的是，「清濁並容」之宏偉寬大的精神。那是對他人抱以無盡的關心，認同其存在價值的精神。也是尊敬、感謝對方的精神。

當你一再把內心的一切奉獻給對方時，對方必會以相對的精神報酬回應你。

那麼，你的人際關係必有煥然一新的改變。與人的交際往來，令你有樂趣無窮之感，並渴望更積極地擴大交際範圍。

面對任何人際關係，只要具備這種方法，絕不會畏縮鬱悶，而以寬容宏大的心應對。

被人侮辱也不引爲意

在深夜的東京都新宿街頭，發生一起殺人事件。兇手是路邊賣麵的老闆，被害者是一名醉醺醺的上班族。

事情的起因是這名上班族趁酒勢，向並未沾口的拉麵吹毛求疵說：「看起來眞難吃！」聽聞此言的麵攤老闆一時怒上心頭，隨手拿起身邊的菜刀，一刀刺死那名上班族。人遭受他人侮辱時，有時突然會演變成殺人行爲。

但是，遭受侮辱而怒氣衝天，甚至產生暴力或殺人行爲，結果仍是自己的損失。因此，碰到他人的侮辱，最好能處之泰然不爲所動。

那麼，該具備何種思考模式呢？

大聖釋迦牟尼一再地教導我們：

「若有人侵犯我，我會以愛回報。如果對方做出對我更不利的事，則回應以更大的溫柔。如此，永遠有溫柔的芳香環繞我的四周，不良的空氣全數回應到對方的身上。」

但是，有一天，一名愚蠢的男人侮辱釋迦。結果，釋迦問他：

「如果我贈送某人禮物，而對方並不接受，這個禮物結果變成誰的？」

那名男人回答說：

「當然是贈送者的。」

聽聞此言的釋迦對他說：

「好。剛才你對我說了侮辱的話，但是，我並無法接受。因此，我要還給你，請你接下它吧。這些侮辱的話該不會困擾你吧？」

聽聞此言的男子，不知如何回應。

釋迦接著又說：

「心懷邪惡之人，對有德之人口出狂言的行爲，有如朝天空吐口水。這個口水不會使天空沾污，反而會直落而下，弄髒了自己的臉。」

因此，也不必爲他人無心之言而耿耿於懷。只要有釋迦的想法觀念，讓這些惡言回應到對方的身上。

我們並沒有理由去接受不想要的禮物。

希望各位務必抱持如此堅強的思考。

消除「不知如何應對」的方法

任何人多少都有其難以相處的對象。這時，潛在意識會產生盡可能不要與該人接近的作用，讓自己敬而遠之。

但是，這樣的態度對自己果眞有益嗎？仔細一想，答案是「NO」。

人天生是社會性的動物，盡可能透過與更多人的接觸而交換彼此的感情，乃是極其自然的生存之道。而必須有對方的存在才能互通訊息。

更何況是組織中的人際關係，尤其是營業往來上，與顧客之間的折衝關係等，如果對某人有不知如何應對之感，故敬而遠之，將有意想不到的負面效果。特別是營業往來的關係中，令人敬而遠之的顧客中，通常極有可能簽下大筆契約。

從道理上我們清楚明白，對於不知如何應對的對方，最好不要敬而遠之，且力圖接近。但是，潛在意識若是負面作用時，很難依據理論行動。這就是所謂的對人恐懼症或營業員的訪問恐懼症。

如果憑意志力想辦法更正，反而會因「努力逆轉法則」，演變成更加退避三舍的結果。消除不知如何應對的意識，事實上出乎意外的難。

但是，這樣的態度若置之不理也無法解決問題。因此，必須有克服此難關的堅強思考。

產生不知如何應對意識的原因何在？其原因可能是「第一印象」「厭惡感」「自卑感」。因此，只要窮究這些原因並獲得理解與因應的對策。

什麼是第一印象？這是在瞭解對方的眞面目之前，具有無意識中覺得不懷好意、難以親近的觀念，產生生理上的排斥感等，與潛在意識的觀念、印象相關的反應。

厭惡感爲何？這也是關係著感情的一種現象，不過，這時通常有對方所表現的傲慢態度或過於謙卑的態度等客觀的佐証。

自卑感爲何？這是對對方的學歷、地位、能力、生活水準所抱持的感情。

我們是否可以不再因上述的理由而對某人敬而遠之呢？只要改變自己的心態、想法即辦得到。這一點，首先必須從科學的觀點來考慮。

以上三點所共通之處是，完全以個人的尺度做評價。第一印象通常是根據自己過去的經驗。不論好、壞的印象，都深刻於潛在意識裡。而與他人碰面的刹那，會因某種刺激而反應出來。因此，這並非對方的責任。

厭惡感也是如此。他人是否像自己一樣對該人做同樣的評價？你所認爲的「傲慢」「卑屈」在某些人眼中，也許是「堂堂正正」「謙虛」的評價。

至於自卑感，完全是當事者的負面觀念、負面印象的產物。因此，這也有解決的餘地。

綜合上述的想法，再來找問題解決的方法。譬如，「只看對方的優點」「找出與自己的共通點獲得共鳴」等，方法有許多。若有這類正面思考法，問題將迎刃而解。

把對上司的不滿、苦水往肚裡呑

根據某項統計，據說有三分之二的女性勞動者對自己的上司感到不滿。因此，若是一般的營業員，可能佔居相當大的比率。由此可見，職場上的人際關係頗爲複雜。

問題是該如何消除這些不滿。營業員中有人因對上司不滿，而四處發牢騷、抱不平或翹班摸魚。這種情緒無法壓抑下去時，有人會因而辭去工作。但是，這樣的營業員稱得上是堅強者嗎？

我們來想想。表現這樣的態度對自己有何益處？辭去原來的公司到另一個公司工作，也許會被編排在更討人厭的上司手下工作。

有上司頭銜的人，並非所有的一切都是完美的。若有這樣的上司，就是天上的神。同時，自己眼中以爲的缺點，可能在他人眼中是相當好的評價。

如此想來，以對上司不滿爲理由，過著了無生趣生活的營業員，可說是負面思考型的懦弱者。

這樣的人該如何有堅強的思考？即使其上司確實有缺陷，也應把缺點導向爲優點。

「他山之石可攻錯」，仔細觀察這些缺點，且認定有自己絕不變成類似者，所謂「反面教師」也是活生生的教材，應可以把它當做反省自身的材料。

換言之，對上司的負面見解可能造成自己的負面想法。反省這一點後，儘量把負面看成正面，以堅強的思考試圖變更自己的見解。如此一來，即能意外地發現上司的優點。

而上司也可能發牢騷或語中帶刺。碰到這種情況，千萬不要爲這些言詞產生反感，而應反省自己不周到的地方。

有朝一日自己也成爲上司，在擁有部屬時，即能理解部屬的心情。如果把這個過程當做未來的演習，無異是難得的教材、研修。

如果有更堅強的思考模式，則必須採取以自己來彌補上司缺點的態度。

爲此，必須對上司盡心盡力，或積極提供具有創見的議題，以提高上司的評價。當你採取這樣的態度，上司不久必有所覺而改變自身的態度。

即使無法變更態度，爲他人犧牲奉獻的態度或擬定構想的行爲，對自己也有益處。仔細思考這些因素，必會表現所有結果都對自己有益的態度。這正是堅強的態度。

把他人的斥責當做成長的激勵

任何營業員都是聽從上司的命令工作。若能確實負責，履行工作的責任則無問題。但是，也有可能失敗，或因溝通不良而遭受誤解。碰到這種情況，你會有何想法呢？

譬如，上司以連絡不充分爲理由指責你。這時，上司指責方式若不當，可能令人動怒。另外，也有情況是拜託同事卻未確實轉達，或因上司不在而無法連絡等。

這時，有些人會叛逆地認爲：自己確實有意連絡，但上司卻不在又能如何？或上司明明把自己當做眼中釘，其實上司也曾有不連絡的疏失。

到底做何想法全憑個人嗜好。但是，這樣的想法對自己是否有益？這可以用客觀的角度做出判斷。也許它具有發洩平日對上司積怨已久的效果。但是，有這種負面觀念的人，絕對無法成爲成功的營業員。

這種情況下的堅強思考該如何？拜託同事卻未傳達到上司耳中，應是拜託的方式有問題。應該考慮的是，今後應確實讓傳達者留下便條，或把記下必要事項的便條代傳給上司，如此一來即使上司不在座位上，也能把事情傳達妥當。

這種做法才會把連絡疏失的缺點改變爲今後的優點，有助於自己的成長。

而被上司指責時，負面思考型的人往往覺得周遭也有和自己同樣犯下過失的人，爲何唯獨自己遭受指責，而慨嘆自己運勢不佳。

更有甚者還遺恨未消，藉機脅迫甚至殺害對方。某冷熱發電公司的司機，因董事長責備其座車清潔不當，憤而持菜刀刺殺該董事長。何其愚蠢的負面思考型的人啊。

相反地，有人會因被指責，此後變得更積極，而成爲成功的營業員。

一個人若沒有被任何人指責，絕對無法察覺自身的缺點。從這一點看來，被指責或責備，能覺得慶幸者，乃是具有正面思考的人。

因此，當你被上司指責或責備時，希望能有寬宏大肚的正面思考，認爲它有助於自己的成長，讓自己成爲眞正堅強者。

被女友甩了也不在意的方法

如果被努力追求的女友甩了，該怎麼辦？有些人會心生怨恨而做出無聊的騷擾，也有爲情所苦而自殺的懦弱者。這實在是愚蠢之極。其實，凡事以正面思考法謀求問題解決。

「拍馬屁就自以爲是、罵一下就哭、殺了她則化做深夜的厲鬼。」這就是甩了你的女性的眞面目。與其和這樣的女性結合，不如被甩了來得輕鬆。孔子不也曾說：「女子與小人難

養也。」

某營業員擊垮公司裡爲數衆多的情敵，贏得女友的芳心，最後走上紅毯的一端。但是，那位女子雖然容貌、體態極具魅力，但知性、教養及性格卻不適合做一名妻子。她把婚姻當做是「附帶三餐與住宿的永久就職」。不僅浪費成性，甚至不會煮飯洗衣，這個結合有如落入詐婚圈套般的可憐。

被這名女性甩掉的人，當初也許感到悲傷不已。但是，以結果而言，被甩反而値得慶幸。因此，情場上的失意也能有正面的思考法。

如果你是宗教信仰者，應該感謝神佛。因爲，有一次情場的失敗，才有機會與更優秀的女性談戀愛，甚至結婚。

也許神佛是基於這番用意，讓前任女友棄你如蔽徙吧。當你對慈悲爲懷的神佛心存感謝時，心情將變得非常輕鬆。

總之，應抱持世間女子多如牛毛，何必獨愛她一人？千萬不要爲情場的失意而悶悶不樂。

☆果敢直言

在衆人前暢所欲言

有人問：「你最怕什麼？」你做何回答呢？美國某市場調查集團，以三千人爲對象，針對此問題進行調查，從其結果發現前十項的內容如下。

〈前十項心生畏懼的內容〉

①在衆人前說話　四一％
②高處　三二％
③昆蟲　二二％
④經濟問題　二二％
⑤深水　二二％
⑥疾病　一九％
⑦死亡　一九％
⑧空中飛翔　一八％

⑨孤獨　一四%
⑩狗　一一%

由此統計發現，在衆人前說話是令人恐懼的。因此，碰到突然必須在衆人前說話時，很容易使人緊張。譬如，出席會議而被主管要求發表意見。這時已亂了陣腳，平常可以滔滔大論的事情卻吞吞吐吐說不上二、三句話，在意自己的表現時，更是語無倫次，結果滿臉通紅而語焉不詳。

其實，某些主管只是基於會議程序上的禮貌而發問，但有些人卻認為主管是藉機測驗自己。因此，一副發表演說的模樣，反而造成自己的緊張。

在衆人面前談話確有其困難之處，而我也曾經是不敢在衆人面前談話的人。我也曾希望在人前有流利的談吐，但卻抱著絕對不能在衆人前滔滔論說的負面觀念。

但這樣的我目前卻以演講為職業，也能在上千上百的人前說話。為什麼？

當然，其中有相當的努力。不過，本質上乃是改變自己的心態。換言之，警惕自己把對談吐方式的觀念與印象導向正面。我們明白在衆人前說話時最好不要緊張。但事實上卻會緊張。這乃是潛在意識有問題。因此，只要讓它有正面的作用，即能隨心所欲，不慌不忙地在衆人面前發表言論。我確實實踐這個理論。結果促成我的成功。

那麼，該如何深植、烙印絕對不緊張的正面觀念與正面印象？必須完全讓身心鬆弛。如此，觀念、印象會直接對潛在意識產生強烈作用，出現強烈的效果。

理由是，潛伏於我們心理的潛在意識，一旦接納某種認定並具有與其類似的印象時，則有給予實現的機能。而且，問題並不在其內容的好壞、有無益處。因此，只要在潛在意識裡烙印有助於消除緊張的觀念、印象。

確實實行這個方法，任何人都能在衆人前直率發言。

壯膽地與初次見面者交談

與初次見者談話時，多少會有心裡上的排斥感。該如何消除這種排斥感，輕鬆而理直氣壯地談話呢？這必須正確理解人的心理，做正面思考。

與初次見面者會面時，無論對方的人品如

何，自然心生好感或敵對感。這種現象有違理論，但事實上卻會發生。原因不在對方身上，乃是自身心態的反應。

這種心理現象稱爲「投射現象」，但不一定只在初次見面時發生。假設某公司董事長到職員工作的現場視察，內心對於各個職員賣命工作的態度感到滿意，面露笑容而離去。看見此番情景的職員中，有人會以爲是自己賣命工作而獲得董事長的認同。

但是，趁機摸魚的職員中，有人則心生不滿：什麼董事長！露出那種諷刺的笑容，只不過偶而摸摸魚罷了。

可見，人多少會產生投射現象。在與人初逢乍識的情況下，可能會以極不合理的自我觀念，判斷事物並下決論。因此，和初次見面者談話時，很容易產生負面的投射現象。

同時，與「不愛與人親近型」的人談話時，溝通相當困難。因爲，這種人通常面無表情又不太搭腔。但是，這並非對方的本質。非但如此，這樣的人比一般的人更渴望博得他人的好感。

但因對他人帶著強烈的警戒心與猜疑心，而缺乏博得人緣的自信。因此，不會主動對他人表示好感，而有敬而遠之的態度。如此一來，更會使人描繪負面的印象。

如果，你積極地表示好感，情況會如何？期盼博得他人好感的對方，會欣然地傳達好意。因此，面對這種類型的人，應儘量表現好感。

另外，也有人採取追隨或優越的態度。與這種人相處時，只要有心理上的理解倒無所謂。

度量狹窄、膽小的人，通常對比自己優秀的人產生壓迫感或反感。這乃是出於自我防衛本能的恐懼。因此，對於保護自己的人則無條件地順從而屈服。

相反地，面對比自己顯得拙劣的人，帶著極大的優越感。這乃是想要滿足自尊心的慾望使然。優越感會對對方產生過保護或威嚇的態度。

相對地，具有膽識又自信的人，決不會因對方而改變態度。即使形勢上處於較低的立場，卻不表現卑躬屈膝的態度。同時，也不受任何人的壓迫，且對年幼、地位低的人也能以平常心交往。

因此，希望你能正確地瞭解這些事實，面對初次見面者，不必感到自卑或膽怯，宜理直氣壯地說話。

堅強地拒絕難以回絕的事情

碰到他人有所請求、勸說、誘導、招待時，很難一一應付。結果只能給予拒絕。但一般人很難直接了當地表示拒絕。

斷然拒絕何以這麼困難？所謂拒絕乃是對他人有所請求的回絕、或對別人的勸誘、招待的謝絕。這些等於違背了對方的信賴感，也忽視其好意。結果可能傷害到對方的感情、自尊，甚至因而招來對方的埋怨，陷入斷交狀態。越想到這些問題，越令人難以回絕對方。

「拒絕」之難尚有其他原因。那是個人的自尊。碰到他人有所請求，多半是受到對方的信賴所致。而勸誘、邀約、招待乃是對方對自己產生好感的證明。（雖有例外……）有多數人礙於面子而無法拒絕。

我自己也有不少因拒絕法失當而失敗的經驗。不想傷害對方的感情、不願打擊對方的自尊、不希望給人留下壞印象等情緒過度作用時，結果反而帶來不良結果。

因此，我改變以往表示拒絕態度，決定堅強地表白。具體上我是放下膽狠下心，即使傷害到對方感情，或給人留下不良印象，也斷然表示拒絕。結果反而比以往獲得較好的結果。

話雖如此，並非刻意去傷害對方的感情，或給人留下不良印象。最好是能得體的拒絕。爲此，必須留意以下三件事。

第一、「明白地傳達自己的意志」。一旦判斷最好拒絕時，不論發生任何事都要明白地拒絕。表現模稜兩可、曖昧不明的態度時，反而令對方無法推測你的眞意，而有過度期待或猜疑的情形。

要領之二、「充分地讓對方瞭解並信服拒絕的理由」。對方若無法認同你所拒絕的理由，很容易招來誤解。但是，一旦獲得信服，倒不至於傷害到對方。

要領之三、「不要傷害對方的自尊」。因此，有時不妨應用「說謊也是一種方便」的手段，多少彎曲事實而維護對方的自尊。放下身段以維護對方的自尊，這樣的體貼有時也是需要的。

☆「堅強」可以隨心所欲地帶動人心

發揮驚人神通的「反覆效果」

以深層心理學的立場而言，反覆某件事情必會出現其效果。它具有不論是好、壞的內容，照單全收的性質。電視、錄音機等的商業廣告正是利用此原理，稱之爲『反覆效果的原則』。

有多數人積極地運用反覆效果的原則於人際關係上，在推銷時達到不錯的成果。這和與相戀的女性情投意合，最後結成連理的過程極爲類似。

假設有一名年輕人愛上某名女子。有一天，他向該女子表白自己的心意。

「小美，我愛妳。請跟我結婚吧。」

對這名女子而言，這個告白突如其來，令人毫無防備，而且，未曾與對方有過交往的女性，不可能立即應允。如果點頭答應，必令年輕人欣喜萬分。但該女子即使對他心存好感，也不可能有如此表示。

推銷也是同樣的道理。一般人面對陌生的推銷員前來拜訪，即使對方滔滔不絕地推薦自已商品的好處而期盼購買，也無人立即應允。當然，如果事前已瞭解該商品的效用或經濟價值則另當別論。但鮮少有人立即應允。

換言之，反覆效果原則的第一階段是，對方對於你的積極推銷，往往會有否定的態度出現。因此，不論是向女朋友或顧客追求、推銷而被拒絕，絕對不必因一、二次的閉門羹而喪氣並打消念頭。

因此，這名青年往後能不折不撓地追求那位女子。結果，她的心產生微妙的變化。世間從無因異性一再表白愛意而發怒的女性。只要不極度討厭對方，通常會漸漸產生好感。

推銷也是一樣。俗稱「推銷是從被拒絕開始」。不因一、二次的拒絕而氣餒，反覆無數次的拜訪，自信滿滿地向顧客遊說，除非有極度反對的理由，否則對方必會臣服。

反覆效果的第二階段是，利用反覆讓對方的心態漸漸產生輕度的疑問。以往的批評、否定態度會開始動搖並軟化。

以前述追求女子爲例，這名男子已無數次向意中人表白愛意。不久，女方的心會漸漸傾向他。這名女子也有其他男性的追求，但每每表現曖昧不明的態度，或斷然拒絕。慢慢地這些男子一一從她眼前消失。但是，唯獨這名青年從不氣餒地緊追不捨。如此一來，她的心情轉變，自是理所當然的。

推銷也不例外。只要卯足勁反覆數次到有希望的顧客處拜訪，對方必不再堅持。而且，通常不會感到不快，而帶著好感。

在日本連續十年以上，榮獲全國第一勸誘郵政儲金榮冠的上田先生，成功地讓名聲響徹大阪府的高利貸，簽下郵政儲金的契約。讓放高利貸者到郵局儲蓄，簡直不可能，但上田先生卻辦到了。其秘密爲何？乃是反覆效果。其數次高達六十六回，不難瞭解其中的秘密吧。

反覆效果原理的第三是，利用反覆信念使對方心態產生變化，加強心理上的接近度。以前述女友而言，自然會產生：這個人不僅是口頭上，而是發自眞心熱愛自己的念頭。

如此這般，不折不撓地一再向對方遊說自己的信念，總有一天對方必會信服。當他帶著一束花祝賀女友的生日，並像往常一樣表白自己的愛意。那麼，她的心必急速地傾倒。

反覆效果原理的第四是，一旦明顯出現反覆效果，對方的心態已有一百八十度的轉變，認定對方所言不差。換言之，她已打從心底相信對方的話語。推銷的場合也完全一樣，無庸贅言。

最後，接納這名青年愛情的女子已不再有任何表示嗎？相信不久她會有一股衝動，想把這件事告訴某人。向家人或朋友表示：「他非常疼愛我。」

在推銷上成功，並不只是顧客滿意而已。會讓顧客產生和這名女子類似的心理狀態。有關商品的效用，即使不必央求宣傳，也會自然地以口相傳。這正是推銷員求之不得的事。

換言之，反覆效果的第五原理是，被說服者已完全信服，並會把訊息傳達給其他人。你的遊說已變成一種信念且具有宣傳力。這正是以堅強的態度貫徹遊說精神的極致。

隨心所欲地說服、操縱上司的方法

你能隨心所欲說服、操縱自己的上司嗎？當你想說服上司時，必須具有「一定可以給予說服」的信念。信念薄弱時，會傳染給上司而帶來負面影響。

那麼，是否具備信念即能使上司完全接受並產生共鳴？事實並不然。即使所持信念是正確的，如果蠻橫地要求對方，反而會招來反駁。同樣訴求一件事，必須有說服法、訴求法、亦即說服力的技巧。

以下用岩倉具視的經驗爲例說明。

明治初年，日本正值計劃鋪設鐵路。當時的政府首腦者中，有不少受古老觀念束縛而強力反對的人。面對這種狀況，研倉具視如何給予說服？他說：

「目前已遷都至東京，而皇室一千餘年來的墓陵皆在京都方面，天皇陛下必須隨時前往參拜。但是，行幸次數一多，將帶給沿道居民諸多不便吧。不過，如果搭乘火車則無此番疑慮。所以，爲天皇陛下的行動著想，鐵路是非常重要的。」

據說原本表示反對的人，也覺得此言不差而達成共識，於是實現了鐵路的建設。

由此可見，說服的技巧佔有極重要的份量。

說服上司所必要的信念與技術，完全隱藏在你的內部。因此，縱然這些技術與信念多麼地優秀，若不表現出來也無法獲得上司的理解。

但是，卻有許多人將它們隱藏在內部。這彷彿不放在店頭展示而儲存於倉庫內的商品。自然無法令顧客瞭解這些商品的魅力與價值。上司也一樣。

那麼，具體將它們呈現在外的方法爲何？乃是用行動証明。透過你的走路方式、談吐方式、詢問法、服裝、姿勢、表情，讓上司理解你的本質。

說服上司的行動力之重要性就在此。若要凸顯自己並獲得上司的信賴與好感，必須採取這樣的態度。

譬如，希望表現自信滿滿的態度，應該抬頭挺胸跨步走路。挺直腰背朝目標勇往直前。與上司談話時也絕不能氣若游絲。聲音不僅是傳達自己的觀念，也具有傳達感情的作用。

如果表現深具自信的態度，必能獲得上司的信賴，而成功地給予說服。

讓對方接受你的要求的方法

什麼是說服？說服是「獲得對方表現你所希望的行動之同意」。因此，希望他人接受難以啓口的請求時，必須有相當的說服力。

培養說服力時，如果曲解其本質，將造成無可挽回的事態。營業員中有人以爲，說服乃是以三寸不爛之舌遊說對方或欺瞞、行苦肉計等。

諸如詐欺師、騙子、胡扯蛋之流，趁他人的弱點、盲點而達到目的的伎倆，並非眞正的說服。因此，必須具備以正確的觀念向他人說服的心態。

希望對方接納難以啓口的請求，必須先正確地理解對方的心理。有多數人主張，說服時用感情的訴求，遠勝於理論而具效果。但是，事實果眞如此？其實合理性、論理性的說服法也有明顯的大效果。

基於以上的分析，我認爲若要說服成功，必須從對方的合理性與感情面、情緒性的觀點之兩面展開訴求。具體上是訴諸對方的情緒性慾望，刺激其慾求。其次，針對對方的慾望與自己所需求者的交換價值，從理論、合理性的層面給予信服。

譬如，央求上司擔任婚姻介紹人。一般而言，被人請求擔任婚姻介紹者，乃是對方心懷相當的信賴感與尊敬，因此，應可以滿足上司的自尊心，令其大爲滿意。

但是，除了這類情緒面之外，也必須有理論層面上的說服。換言之，央求上司做爲婚姻介紹人，生活必更爲落實安定，因而必須比以往更克盡忠誠。如此一來，工作效率必提高，對上司也有益處。像這類理論上的層面，也應不露痕跡地穿插在談話中。

希望對方接受難以啓口的請求時，肢體語言也意外地重要。甚至比當事者所說的話更能傳達眞意。所謂「眼睛比口更能說話」就是如此。

但是，留意遣詞用句的人，卻疏忽這類「身體語言」。因此，你也必須檢查身體語言的實態。諸如以下幾項。

〈產生負面印象的態度、動作〉

- 說話時東張西望。
- 反覆神經質的乾咳。
- 低頭說話。
- 抓、摩擦、拉身體的一部份。
- 倉促地擺動身體。

・翹著嘴或舔舌頭。
・坐在椅上時膝蓋過度張開。
・不管對方是誰任意翹腳而坐。
・雙手不自然地時而交握、鬆解。
・用面無表情或緊張的表情說話。
・視線集中在不該擺的位置上。
・避免與對方視線接觸，經常低著頭說話。

各位對於上述各項若心理有數，務必立即改正。

不動干戈而壓倒對方的方法

俗稱「會叫的狗不咬人」。同樣的道理，眞正堅強者，絕不因無聊小事而與人動干戈。動輒與人起爭執，乃是器量小者的作爲。希望你不必與人起爭執即能壓倒對方。那麼，該怎麼辦？你必須隨時讓對方對你敬畏三分。

當對方認定你是懦弱者，必會趁機挑釁。相反地，如果你隨時充滿著自信的態度，絕不會有人干涉你，同時覺得和這樣的人吵架將一無所得。

那麼，如何具體地產生自信，並給對方造成威壓感？

我們的性格與能力平常都隱藏在內部裡。這些極優秀的性格與能力，如果不表現出來，根本無法獲得理解。

而表現在外的方法，當然是以行動表示。

對方是根據你一切的行動，諸如步行法、談吐、動作、表情、服裝而對你做判斷。如果你經常彎腰駝背地走路，彷彿是主動地告訴對方：「我正處於失意的深淵。」

大膽地跨步前行。抬頭挺胸、威風凜凜。如此必能給對方產生極具自信的印象，而實際上表現這種態度時，自己的內心也會油然產生自信與力量。

向他人搭訕時也一樣。千萬不可氣若游絲。因爲，聲音不僅傳達自己的想法，也會傳達感情。

一旦持續滿懷自信的態度，這份自信將日益強化。這乃是「反覆效果的原則」使然。因此，即使個人的能力並無改變，但行動卻因自信的強化而充滿著堅強。

「堅強」地與異性交往

「有女人的地方就有機會」，這乃是爲了能「堅強」地與女性交往的正面思考法。

追求女性時，成功的機率是二分之一，只要思考「 YES 」或「 NO 」的問題，心情就輕鬆多了。所以，你不妨以積極果敢的態度勇敢突擊。

但是，採取積極果敢的行動，卻有勇無謀，有如赤手空拳上戰場，根本毫無勝算。所以，事前必須研擬攻略女性的秘訣。

第一，當然是語詞。「圓形的蛋也能切成四角形，說詞的不同也會令人動怒」。不論任何場合，絕對不說出傷害對方或令其感到不快的語詞。必須儘量說些令對方喜悅、滿足的話語。

尤其是女性，沒有比異性的讚美更感到欣喜。即使態度上一副：「胡說什麼？全是奉承話！」顯得面紅耳赤，但內心卻是狂喜不已。

希望被讚美乃是女性熱切的願望。而男性少有這種願望。由此可見，女性較為自我。這並非有意中傷，乃是表明男女之間本質上有所不同。

以下的比喻雖不恰當，但詐婚者何德何能，竟讓那麼多女性手到擒來呢？其所有的秘訣乃在於三寸不爛之舌。這些人就連男人聽起來毛骨悚然的奉承話也脫口而出。據說一般的女性往往招架不住。

第二，仍然是態度的問題。必須明確地表現為你著迷的眞摯態度。女人永遠帶著對方如何看待自己的不安。當男人對自己所說的話一副馬耳東風的模樣，或表現瞧不起的態度，隨即為此感到不滿。

綜合這些基本要素，爾後則如前述，充分地應用「反覆效果的原則」，讓女友一步步走入自己的圈套。

最後，例舉一個熱烈追求女性之際，務必在心中反芻的語詞。

「最勇敢的行爲，乃是全身向最困難的事情挑戰的行爲。」（梅提爾盈格）

「想要成就某件事時，不可因其他的事情失敗而傷心。也不能對他人的嘲笑耿耿於懷。把心思放在其他事上，將無法成就重要的大事。」（兼好法師）

偉人給我們留下美好的啓示。這些語詞可說是堅強的正面思考之結晶。

堂正地處理對方的「申訴」

工作中常會碰到顧客或交易對象的各種申訴狀況。甚至我方並無失誤，卻因對方的誤解而前來投訴。但是，卻不能因此而置之不理。這也正是處理申訴個例的困難之處。

在這種情況下，如何堅強且堂而皇之地與對方應對呢？

其實，申訴並不一定是令人悲觀的材料。所謂「雨落地固」只要妥善處理，很多情況反而會使人際關係更甚於以往，對商業活動帶來正面作用。

總之，完全在於你對申訴個例的觀念與採取的態度。因此，你必須加強面對申訴的心理洞察，堅強地與之應對。

面對客戶的申訴所採取的基本態度，乃是不抱悲觀論。只要處理法正確，對方必會感到滿足而加深彼此的關係。因此，碰到顧客的申訴，應帶著堅強思考，認爲這是加深彼此人際關係的好機會，誠心誠意地解決問題。

其次，必須注意的是，絕對不要攻擊對方或自我辯解。申訴並不一定全錯在自己，對方也有原因。但是，即使這種狀況，絕不能責難、攻擊或抗議對方。

但有人對於如此委屈求全的態度並不以爲然。這卻是錯的。其實自己在精神上是處於優勢地位。

一般人碰到兒童耍起性子，口出惡言或衝撞前來，也不會當做一回事，與之爭執到底。爲什麼？因爲，我們比兒童處於精神上較優勢的地位。

那麼，是否將前來申訴的對象當做兒童看待？並非如此。有些人的身材外表已是成年人，但可能暫時在精神方面顯現兒童的稚氣。這乃是任何人都可能發生的心理學上的事實。尤其是申訴的情況，很容易暴露這種傾向。因此，應該保持冷靜正確地處理。

如果對方的態度極端違背常情或無的放矢時，一般有血有肉的人難免會怒上心頭而回應對方：

「說這麼幼稚的事，不怕被人笑嗎？」

「外行人常有這種說詞。」

但是，一旦如此回應，事情就搞砸了，無法掌握這個分寸，還稱不上是個成熟者。不論對方的申訴爲何，必須從頭至尾聽其傾訴。如此才能消除對方鬱悶的心情。絕對不可忽視這個原理。

其次，必須注意的是，絕對不可爲自己辯解。當然，仔細傾聽對方的苦訴，事後再消除對方的誤解或做說明則無妨。但是，辯解或推托之詞，原則上應避免。

任何人都討厭面對申訴，盡可能以推托之詞或辯解、不以置評等方式設法逃脫。這乃人之常情。

但是，如此則可獲得自我滿足，抑或勇敢地面對申訴處理嗎？這完全是個人精神力的問題。懦弱者會逃避、辯解，但堅強者則毫不畏懼、躲避，且堂堂正正地給予應對。因此，當你碰到任何情況的申訴時，不妨毫不猶豫的與之應對，讓自己成爲足以面對問題的大人物。

只要改變一下想法，甚至可以把顧客的申訴，當做是件可喜可賀的事情。其實有許多人並不明白地表示心中的不滿，結果因而產生不合作的態度，或默默地離去。

與這樣的人相較下，不得不對明白地前來申訴的人表示感謝。希望各位能夠擁有足以向這樣的人表示感謝的寬大心胸，成爲心胸磊落的大人物。

第四章

用「堅強」擊垮銅牆鐵壁

●危機正是「堅強思考」發揮作用的時候

任何人處於順境或一帆風順時，通常過得堅強有勁。但是，一旦陷入逆境或懷才不遇時，就顯得懦弱。

處事遇到挫折或碰壁時，堅強者的思考會越來越堅強。譬如以下的情況。

英國與納粹德國的希特勒簽定慕尼黑協定之後，有一名對英國的前途感到絕望的男子，向邱吉爾說：

「我覺得已完全絕望，您認爲呢？」

據說邱吉爾回答說：

「是的。無法用語言表達的絕望。我覺得自己似乎年輕二十歲。」

當事態日漸嚴重時，一般人會變得意氣消沉。但邱吉爾反而湧起與之對抗的勇氣，甚至說熱血沸騰有如年輕二十歲。

邱吉爾之外，還有一位堪稱堅強範例的人，他是大隈重信。

當大隈重信被暴徒襲擊而斷送一隻腳後，尾崎行雄前往探病時，心想再怎麼不服輸的人，這次的事件後必受重挫。但是，大隈重信一點也不氣餒，甚至還說：

「我已喪失一條腿，爲此流通到那條腿的血液會多數回流到腦部，頭腦會更聰明。如果剩餘的一隻腳也喪失了，流通到該處的血液又回流到頭部，腦筋一定更聰明。」

據說令尾崎也大吃一驚。

這正是堅強思考的典型。

艾柏拉哈姆・林肯說：

「遭遇困難時，不必放在心上，只要想著困難總有一天會消失！」

這也是堅強思考的奧義。

我們不論在商業活動或家庭生活中，總會碰到各式各樣的困難。有時會因問題的嚴重性，甚至想過自殺。

但這種危機狀態曾經永遠持續過嗎？再怎麼困難的事物，總有一天會獲得解決。而且，曾經以爲束手無策的問題，不也理出頭緒來了嗎？

正因爲有這些經驗，今後若再有類似的問題，應該活用這些經驗。換言之，誠如林肯所教誨的，帶著堅強的思考，認定困難總有一天必雨過天晴。

●何謂突破難關的「思考鐵則」

你曾經因碰到某些挫折而變得儒弱嗎？你將成爲被儒弱擊垮的落敗者？抑或成爲堅強者？其間的差別全靠你自己的想法。

有一項檢查表可以試驗自己的堅強度，各位不妨試試看。

〈理論性信服法的檢查項目〉

①、花再多的時間也辦不到嗎？
②、改變場所也辦不到嗎？
③、別人做也辦不到嗎？
④、接受他人的建議也辦不到嗎？
⑤、獲得他人的協助也辦不到嗎？
⑥、不論使用任何物品也辦不到嗎？

⑦、花再多的錢也辦不到嗎？

⑧、改變以往的方式也辦不到嗎？

⑨、有一個任何人都深信它絕對辦不到的理論根據嗎？

⑩、即使附上：辦不到即賠上一條生命的條件也辦不到嗎？

當你利用正面思考法而成爲堅強者時，務必遵守的是以下十戒。若不遵守十戒，縱然有正面思考，結果也會變成負面思考。這一點請務必注意。

〈正面思考的十戒〉

①、不論任何情況，絕對不能有辦不到的否定思考法。

②、不論任何問題，絕對不能有無法解決的想法。

③、絕對不可因以往未曾做過，或想不到解決之策等理由，放棄問題的解決。

④、絕對不可以可能失敗的理由，遲疑實行。

⑤、絕對不可以解決之策不夠完善爲理由，遲疑實行。

⑥、絕對不可以因無任何人做過爲理由，捨棄構想。

⑦、不能因沒有時間、金錢、智慧、財力、才能、技術等理由而抱持辦不到的觀念。

⑧、絕對不可以不夠完善爲理由而放棄企劃。

⑨、絕對不可以未曾想過的理由而放棄目標。
⑩、絕對不可以可能無法活到目標達成之時爲理由而放棄目標。

●「持續」才能產生充沛的活力

營業員中不乏「朝三暮四」者。舉例而言，公司舉行三天兩夜或四天三夜的合宿研修活動時，如果講習內容極符合工作，研習生個個鬥志高昂，下定決心從翌日開始向能力開發挑戰。務必使自己成爲一流的營業員！

果然從翌日開始興致沖沖地付諸實行。也能持續到第二天、第三天左右。但是，經過一星期、十日、一個月後，起初的激越風發已不復存在—。這彷彿是消防車的水管，持續數分鐘在鋼筋水泥牆上放水的情況。乍看下氣勢洶洶，但牆壁並無洞孔，頂多清除了壁面上的某些污垢。

相對地，若是雨滴呢？暫且不論不下雨的時候，一旦下起雨來，雨滴從不間歇。而雨滴的氣勢根本無法和消防車水管所流出的水相提並論。

但是，雨滴卻能鑿穿堅硬的石塊。所謂的「反覆繼續法」，正是基於「點滴穿孔」之精神的技法。

相信你也一定辦得到。

譬如，一天只搜集一項商業情報。以一週五日來計算，一個月約可得二十、年間有二四〇項情報。一個人就能擁有如此龐大的情報。如果十名同伴付諸實行，合計將有二千四百種情報，即使重複的內容佔三分之二，也能獲得八百種情報。

「持續就是力量」。如果你希望以堅強的態度開發能力，務必實行點滴穿孔的方式。

●用企圖、信念、熱忱超越障礙

一九七四年八月七日早晨。位於曼哈坦南部，樓高一百一十層的世界貿易中心大廈，一名男子嘗試走鋼索的挑戰。這棟大廈樓高約四〇五公尺，兩棟並立，是僅次於芝加哥的西雅芝鐵塔，名列世界第二的高層大廈。

這名不知天高地厚的男子菲利浦・布迪（當時二十四歲），乃法國的特技人員。他從前天晚上和三名朋友從另一邊的大廈潛入。等候天亮從屋頂朝另一棟大廈的屋頂丟擲鐵線，完成走鋼索的壯舉。

我們來分析當時他的心理狀態。他希望能在兩棟高樓大廈之間橫越鋼索。同時，潛在意識裡也帶著必定辦得到的強烈信念。因此，他的精神已完全貫注在鋼索這件事上，根本沒有萬一墜落在地？如果失敗就慘了之類的念頭。

他之所以有這樣的想法，無庸置疑乃是基於過去無數的成功經驗。但是，即使技術多麼高超，若無必定成功的信念，是無法有此壯舉。

信念已強化的他，心理充滿著必定能夠完成的念頭，付諸實行後終於成功。

那麼，我們是否也能有同樣的作爲？這是不可能的。因爲，一般人鮮少有這類冒險的慾望。也缺乏成功的自信。因此，不可能實行。即使實行也必然失敗。

若沒有經歷企圖、信念、熱忱此三個心理過程，絕對無法突破障礙。

從這個道理，我們可以明白地主張，「突破障礙鐵則」的重要性。而有助於達成各位所訂定的目標，乃是企圖、信念、熱忱之三原則。

任何人都應隨時訂定目標，藉由挑戰以突破障礙。爲此，必須隨時在自己心中烙印想做的「企圖」、辦得到的「信念」及勢必完成的「熱忱」，並給予強化。

●逆境中也有「福星」高照

世間非常奇妙，自認不走運或運勢不佳時，幸運之神就不再垂憐。相反地，我們也相信總有一天福神會降臨自身，這一天也必定來臨。

我本身自從相信自己必定有福神眷顧之後，整個人生確實起了改變。雖然也曾無數次地經歷挫折。但如果當時不相信將有幸運來臨，可能因挫折的打擊而一蹶不振。

總之，只要信任必會走運地並自信面對事物，在各個層面必有正面的結果。

但是，懦弱者的想法是，前程未卜而無法產生自信，這確實也有道理。但是，我卻認爲只要相信自己走運，人生必變得開朗。這原本是相當主觀的因素。雖然目前並不走運，但須有長遠的眼光。抱持這樣的想法後，即使陷入逆境，也能把它當做是人生的一個過程。

我們應該相信跌倒後必能重新站起而走，效法練習走步的嬰兒。同時應該認爲跌倒並非缺點，而是爲了能夠站起而走的過程。

世間有許多做了才知道的事，正因爲如此，人生才充滿著奧妙。如果光憑理論或技術決勝負，一切都由科學的佐證來預測未來，反而顯得乾燥無味。

雖然完全信賴運勢並不足爲取，但對運勢有某種程度的信任，且遵從它而採取行動，乃是成爲堅強者的保証。

任何人都渴望自己的人生有福星高照而非生不逢時，不過，有的人擅長利用運勢，有些人卻莫名所以。在這一點，我自認擅長招運納福。一旦招來運勢，自己則變得更堅強而產生好結果。而運勢是互通氣息的。

科學再怎麼發達，社會上仍有許多無法確定的因素。也有不少難以斷定的事物。這時，多數人會憑空想像未來並做預測。

有些人認為前程似錦，有些人卻擔心失敗。這正是堅強者與懦弱者的差別。

如果能相信運勢，必能產生希望並湧現勇氣與自信。順從這樣的感情而採取行動，結果如願以償的機率必相對地提高。

●使「失敗」變「成功」的堅強轉換法

「失敗為成功之母」，為了成功也必須有某種程度的失敗經驗。但這也有其限度。經常挫敗連連者，不久將陷入有氣無力的狀態，變成「失敗為失敗之母」。

一位名叫薛立克曼的學者，曾利用狗針對這個事實做過實驗。

他將狗綑綁在吊床上，讓它處於動彈不得的狀態。一天數十回每逢門鈴響起，即給予電擊。結果，這隻狗到後來，即使處於可以逃脫的狀態，當門鈴響起也失去脫逃的氣力。最後竟然能夠忍耐電擊的痛楚。

被綑綁在吊床內，再怎麼掙扎也無濟於事的狀態長久持續，正是無法脫逃的失敗經驗的連續。使得這隻狗陷入有氣無力的狀態。而人類社會也有類似的現象。

但是，人只要改變對成功與失敗經驗的接受方式，即能從無氣力狀態脫逃而出。有關這個事實，德威克以學業成績不良的兒童爲對象，試行兩種治療教育。成爲對象的兒童是把失敗的原因認定是自身能力不足，結果變成有氣無力的一群孩子。

教育的方法之一是，給予簡單的課題，使其完全經歷成功的滋味。

另一個方法是讓他們在五次中有一次失敗經驗，而每一次則告訴他們失敗的原因並非能力不足，而是努力不足。

結果，前者的兒童一旦碰到某種失敗，即出現比以往更失去信心，再也無法表現原來學力的傾向。對於失敗的原因，仍然認定是能力不足。但是，後者的兒童碰到失敗後，反而更加努力。那是因他們一再地被耳提面命，失敗的原因並非能力不足而是努力不足。結果，他們的想法觀念也產生了變化。

這個例子告訴我們，對失敗原因的想法，若從自身能力改變做努力，將可從無氣力的狀態脫身而出。

這一點也能印證在你的身上。當反覆同樣的經驗，並認定無藥可救時，將會有預期的結果。但是，如果發現並非能力問題，只是努力不夠，必可從無氣力、儒弱的狀態中脫逃而出，變成成功的佼佼者。

●斷絕恐懼感

懦弱者的特徵之一是，常產生因不安、恐懼而煩惱的心理作用。但是，這並非都是負面現象。根據個人的想法也有正面效果。問題乃在於何種狀況下做何種思考方式。

當內心感到不安時，不久會形成恐懼。且無法完全消失。即使可以完全消失，絕不會帶來正面作用。

爲什麼？因爲瞭解實際發生危險狀態的結果之理性上的不安，有助於自我保存。這是構成心理部份，不可或缺的健全部份。毫無恐懼感，乃是缺乏印象或情報，抑或欠缺生存的意願。

理性上的不安或對現實問題的恐懼，是生活中無法避免的。恐懼感和某種疼痛一樣，是表示迫在眉睫般危險的警告，以及避免受害的保護。

自己所感覺的恐懼中，有些是無法用正面思考消除的性質。碰到這種情況，不必刻意脫逃，只要將其改變爲「祈盼的行爲」。

恐懼會對自己帶來不利作用，卻也可能造成有利影響。因此，只要將造成恐懼感的懦弱思考變成堅強思考，即能迎刃而解。

有一個語詞可以帶來這樣的作用，那就是「未知的神秘」。這是對自己造成「有利作用」之恐懼感的別稱。恐懼會使人變得懦弱，而「未知的神秘」會使人的行動產生動機，搖身一變爲積極者。

所謂神秘，一旦獲得闡明、解決，將會轉換成無比的喜悅。如著手新事業或處理未知的工作、參加考試等。完全以這種方式將內心的恐懼轉換爲神秘，這種思考模式的轉換極爲重要。

同時，對恐懼對象的想法也要改變。換言之，只對使自己產生負面作用的事物感到恐懼。

●立即消除不安的方法

人生總有不安的因素。如果是不足爲道的

不安，可以自我消除。方法如下。

首先，準備數張與便箋同大的紙及一支筆。用鋼筆或原子筆都行。其次，將腦中浮現的不安內容，依浮現的順序書寫下來。要領和寫報紙上的標題一樣。

以這個方法書寫下來後，將有爲數不少的標題。浮躁不安的事、掃興的事、令人討厭的對象、令人動怒的事、擔憂的事等。一筆寫來恐怕有三十～四十個項目。

一旦揮筆疾書之後，心情會變得很愉快。因爲，在寫的過程中已出現精神淨化的效果。

以這個方法每天持續書寫，三天後已無題材可寫。如果尚未完全寫畢，則再增加日數。總之，把內心一切的不安內容傾吐而出。

一旦把所有不安的因素傾洩而出後，接著再找出它們的共通點，給予分類並思考解決之道。當然，必須應用正面思考法。

此外，還有以下的方法。

首先，在信箋大的紙張上，寫出過去一年間所煩惱的一切問題。項目因人而異，但多數人並不多。

今後的問題也一樣。如果目前有令你煩惱的事情，不妨把它們書寫下來。然後把它收藏在某處，數個月後或一年後再拿出來看。結果，必會發現目前所煩惱或畏懼的事情，事實上幾乎都未曾發生。

即使已經發生，一旦寫下時並沒有想像中地嚴重。

由此可見，應該正確地理解目前自己所擔心的事，幾乎不會發生，即使發生，結果也不如想像中地嚴重的事實。這就是正面思考法。

相信沒有人從無這類負面現象。若未曾有過痛苦、失敗感、挫折感、失望感，反而是問題。能夠察覺這個事實，而帶著堅強的意志，不畏懼負面挫折，是非常重要的。

叔本華曾說：

「對任何人而言，必須隨時有某些擔憂、痛苦、煩惱。船上沒有底貨的人，船身顯得不安定而無法筆直前進。」

碰到這類問題時，如果能帶著積極的觀念把它當做是一種挑戰，從中體驗克服後的刺激感、掌握邁向成功的契機，是多麼美妙的事。

●從絕望深淵重整旗鼓的人

二次大戰後日本的經濟處於極端不景氣的狀態下，有一名男子根據報紙廣告前往應徵，結果到某証券公司上班。被股票魅力所吸引的他，賺到以目前的貨幣價值而言，高達上億的財富。也許是年輕氣盛，他把這大筆錢花在飲酒作樂、一切的聲色場合中，過著頹廢的生活。

但是，「好景不常」，有如暴發戶般擁有的巨財導致「惡錢不上身」的結果。因平日的暴飲暴食，最後染患全身麻痺的疾病。

正當不知可否治癒而茫然過著與疾病搏鬥的生活時，股價暴跌而身無一文。結果連代代相傳的祖產也脫手他人，背負一身的債務，當時才二十八歲的青春年華。

他的妻子對於這樣的狀態已心灰意冷，憤然拂袖離去。連醫師、護士都投以輕蔑的眼光，無人前來探視。

處於如此窘境的他，曾經想過自殺，但死神也不眷顧他。不過，如此窘迫的狀態促成他改變觀念的契機。原來，無法走上絕路乃是對世間仍有迷戀。於是觀念一改，決定重新過自己的人生。

痛苦啊，再來吧！

也許是與病魔苦鬥爭取生存價值的他，那積極求生的熱血奏效，疾病竟然奇蹟性地治癒，了結四年來與疾病搏鬥的生活。

但是，疾病雖已治癒，往後的人生卻不樂觀。在大阪的釜崎過著流浪人的生活，爾後從事化粧品、襯衫訂製、家庭刊物等的推銷員、酒店的宣傳員、報業的編輯者等，職業一再變更。

這樣的他在一九六〇年，以『背德之刀』榮獲日本業餘小說的直木賞。當時是三十六歲，他的名字叫黑岩重吾。

在人生的深淵徘徊流離，與病魔苦鬥之中，終於成功地成爲直木賞作家，其原因爲何？當然有他個人的努力與才能。但我認爲並非如次，那是在有如地獄的苦煉之中，產生重新再活過一次的決心使然。換言之，處事積極的人必須擁有正面觀念。

營業員與作家不同。但根本的想法是一樣的。換言之，不論是工作或人際關係面，即使碰到極端痛苦或討厭的事情，也絕不能放棄信念。各位何不相信如此必能開拓前程，而貫徹正面觀念呢？

●堅強的意志力也能治癒疾病

論述心對疾病會造成影響之重要性，並非始於今日。

我所事師的精神療術師田村靈祥醫師，就主張「不治心能治病嗎？」他長年來闡述心與病之間的關係，利用精神療法治癒多數患者的疾病。

同樣地，我尊奉爲師的天風會創始者中村天風先生，也標榜「積極觀念的養成」並推廣此意，拯救多數煩惱者。

這兩位大師已成就天命，不在世間。但是，對我而言，二位偉大恩師的教誨至今仍然深刻我心。

日本自從明治維新之後，隨著西洋文明進入我國的是西洋醫學。簡言之，是以肉體爲對象的醫學。胃有問題就吃胃藥，患胃潰瘍則動手術。不久還有心臟的移植手術。

以肉體爲對象的醫學確實有其相當的價値。但問題是因而喪失對心理的關心。治癒疾病與否全憑個人的心態問題。這方面的想法若有差誤，很難治癒疾病。

有時甚至使病情惡化。因此，絕對不要把疾病放在心上。看醫生吃藥、洗溫泉療養、接受按摩或指壓等療法；但內心畏懼疾病者，並沒有太大的效果。若要遠離疾病過健康生活，必須將負面思考改變爲正面思考。

防止公害的企畫廠商。手塚興業的手塚國利董事長，是擁有其他九家公司的總裁，儼如超人般地活躍。

但是，手塚先生在少年時代，對於自身的健康毫無信心，腦海中全是負面觀念。而他的身體也似乎印證般地經歷各種疾病。肺結核、肋膜炎、盲腸炎、胃潰瘍等，隨意數來就有這麼多。

因此，手塚先生一直帶著負面觀念，以爲自己無法活過二十歲。也許從某個角度而言，這乃是無可奈何的事。但因爲一個契機，他已能把負面觀念更換爲正面觀念。

當時對手塚先生的肺結核做出爲時晚矣的診斷，乃是大正天皇肺結核的主治醫師。因此，手塚氏感到絕望也不無道理。

不過，手塚先生隨即振作起來。雖然被日本首屈一指的名醫放棄，但仍有值得倚賴的對象，那就是神佛。手塚氏於是下定決心，到淺草的日蓮佛參拜。

結果如何呢？

被號稱日本首屈一指的肺結核名醫，甚至擔任大正天皇主治醫師的人物放棄的手塚先生，染患的肺結核竟然像剝開一張薄紙般，輕易地治癒了。

爲什麼？是什麼造成這個結果？手塚先生斷然地說：「這乃是意志力將我體內的肺結核擊垮而出。」

從這個事例，希望各位對健康的問題，也能

擁有正面觀念，不被各種負面觀念擊垮。

●忍耐屈辱奮發向上

任何人都有自尊心。當自尊心受到傷害時，會感到莫大的屈辱。有些人甚至會傷害其自尊。相反地，也有人因無法忍受屈辱而自殺。

屈辱感有非常強烈的作用。但上述的例子，都是懦弱者的行動模式。

堅強者面對屈辱的態度不同。他們可以把屈辱當做力爭上游的跳板，產生正面思考，反而有「因禍得福」的結果。

誠如前述，我曾經在某經營顧問公司服務。有一次，接下某公司經營診斷請託的營業所，把這份工作交待給我。我何其雀躍地直奔該公司，但對方卻要求與起初所談內容出入甚大的服務。那是我尚未熟悉的工作內容。

如果當時能洞察其間的差別，應不會接下這份工作，但事到如今爲時晚矣。結果，對方提出索賠，造成解約的悽慘境地。

這件事後，我從原職的經營管理業務，被調到處理通訊教育部門，專職書寫回函用的信封。以公司的立場而言，也許這乃是一種恩情，但對我而言卻是極大的恥辱。

我是以經營管理顧問到此公司服務。而書寫信封，是任何人都能處理的單純作業，並不需要專業的我來執行。而且，每天反覆書寫信封的工作，令人受不了。當時的我深深地下定決心，即使無法在公司裡出人頭地，也要培養實力，憑自己的力量創造出一番天地。

而寫書乃是其中的方法之一。有此頓悟的我開始努力寫作。我想：即使無法獲得公司的認同，必能獲得社會大衆相當的評價。我覺得應該培養即使沒有公司的招牌爲後盾，也能糊口的實力，並做了相當的努力。而結果正如我所預期。

後來，圓滿在該公司功成身退的我，何其榮幸地爲第一勸銀經營中心、三銀經營中心、富士銀行經營洽談所、住友商業經營、清話會、產業能力大學、日本經濟新聞、日本產業能力協會等機構延聘爲講師。

此外，也陸續獲得全國各地工商會議所、工商會、大中小企業的演講、研修指導等請求。並已出版八十餘本著作。

也許沒有被指派書寫信封的屈辱經驗，恐怕無法力爭上游到這番境界。同時，當時若不能忍受那番恥辱，憤然辭去工作，頂多也是「敗家之犬」，不可能有一番大作爲。如此想來，書寫信封這份差事，對我而言是何等可喜可賀的事啊！

●不論處於任何困境都有起死回生的機會

任何人都希望避免「貧困」「病苦」。其實遇到這種狀況，只要想法一改，也能化險爲夷。只要當事者做正面思考並強化正面觀念。

某人曾向美國大富豪安德略・卡內基詢問：「如何才能成爲像你這樣的大富翁？請告訴我秘訣。」

據說卡內基回答說：

「成爲富翁的第一要件是，絕對不可出身於富豪之家。唯有出身於窮極潦倒的貧困家庭，深刻地體認一無所有的困乏滋味者，才能打從心底奮發圖強，成爲一名眞正的富翁。」

創刊『主婦之友』的石川武美先生也和卡內基同感而發。

「我從不對貧窮一事感到恥辱或引以爲傲。而且，唯獨因貧窮而獲得多數利益，永遠是無法忘懷的喜悅。這並非不服輸的心理作祟，我確實打從心理感謝自己並非富豪子弟。

那麼，貧窮有何益處？首先我想說的是，懂得如何花錢。即使一般人因『沒錢而辦不到』，我仍然擁有即使沒錢也辦得到的自信，與想辦法突破窘境的創意。縱然是他人認爲必須花費不少金錢的工作，也曾經以少額金錢完成這類工作。的確，我越來越懂得活用錢、運用錢。

這完全是貧窮所鍛鍊的智慧。但我未曾因沒錢而引以爲苦。我認爲缺乏智慧值得可憐，但未曾覺得沒錢是種遺憾。因爲，可以利用智慧充分地彌補金錢的不足。」

三歲時與父母離別，從小與祖母過著相依爲命的貧困生活的我，此二人的一番話及感受，深刻地烙印到我的心中。

第五章

你可以依自己的模式生活

●懷抱遠大目標過得轟轟烈烈

有無目的意識決定人生的差別

從前，有三名樵夫在深山工作。路過該處的旅人，向各個樵夫做此詢問：

「請問你在做什麼？」

第一位樵夫回答說：

「就像你看到的，我正在砍柴。」

第二樵夫回答說：

「我爲了生活不得已在此工作。」

而第三位樵夫回答說：

「我爲了成爲全國首屈一指的工匠，正在磨練技藝。這棵樹將建造都城的神社，可是件非常重要的工作。」

二十年後，這三位樵夫的景況如何？

第一位樵夫仍然從事砍柴的工作。第二位樵夫因燒炭較有利潤，而轉業從事燒炭的工作。而第三位樵夫已到都城，成爲人稱「棟樑」的一流工匠。

從以上的例子我們明白，對自己目前所從事的工作，具有何種目的意識，對將來會造成極大影響。

擁有宏大目標且勇敢直言

夢想或願望，越大越好。

井植歲男先生離開松下自創公司時，如此表示：

「我認爲名稱越大越好。把商品銷到太平洋、大西洋、印度洋。『三洋』這個名字如何？」

於是決定用三洋這個「偉大」的公司名。

井植先生在公司成立之初的訓示中，也向社員們發表滔滔大論。

「今天在此創立三洋電機，上下員工總數二十名，但我們的前途無可限量。在此所製造的發電燈泡，於不久的未來將賣出兩百萬個。不，世界總人口是二十七億人，其中腳踏車的常用者約十億人。至少讓半數的五億人使用本公司的發電燈泡。」

資本金只有一百二十萬日幣，擁有二十名員工的公司董事長，竟然在員工面前如此誇下海口。最後甚至高聲地宣言：「三洋將成爲世界第一的發電廠商。」

正因爲訂定如此遠大的目標，並全力朝向目標邁進的結果，三洋企業終於在全世界大展鴻圖，發展爲傲視全球的企業。

一旦擁有遠大目標，則堂而皇之地向衆人宣誓。成功者都有這番豪情壯志。

亨利福特向大衆宣言：「我將讓自己製造的汽車，充斥在美國的大街小巷。」事實上，因T型福特的成功，不久他不僅成爲美國，甚至是全世界的汽車之王。

在日本，御木本幸吉放下獗辭：「我所做的珍珠項鍊，將戴在世界各國美女的頸上。」經過長年的研究，不辭勞苦，終於成功地做出眞圓眞珠的人工養殖，Mikimoto．pear 之名響徹世。

「冠軍的寶座只獻給向冠軍寶座努力的人。以爲榮登相撲力士的排行榜即成功者，甚至無法進入排行榜。不管被踩在腳地下，或明知身份階級的低劣，也應朝冠軍的寶座努力。因爲，這將使人對人生的無悔熱情，深植於魂魄中。」

這是初代若乃花，現今二子山師匠的一番話。

不論任何分野，只要如此這般訂定宏大目標，堅強地朝目標的實現邁進，必能達到成功。

●渺小的自己才能做偉大的工作

斷然拒絕知名企業的訂單

即使是渺小的自己，也能把偉大、強勢的對方操縱於股掌間，從事偉大的工作。

松下會長盛田昭夫先生，在草創期面對如何推銷商品的態度，是值得做爲參考的實例。

盛田氏認爲美國是讓液晶收音機進軍世界的絕佳踏腳市場，於是攜帶世界最小的松下液晶收音機到美國。攜帶這項新製品，到事前已有某程度交涉的顧客處洽談。

當然，松下剛開始並沒有自己的販賣網路。只好利用具信用的某大規模販賣組織。但是，盛田氏所希望的價格與數量，很難和對方的要求達成一致。

在洽談的對象中，有一家以鐘錶聞名，位於紐約的B公司。B公司表示：「我們有意購買。訂購十萬台。」

十萬台的營業額，是當時松下資本金的數倍，金額之大令人瞠目咋舌。

但是，當這筆交易更深入地洽談之後，對方提出「用B公司商標出售」的條件，盛田氏斷然地給予拒絕。以當時松下的規模而言，這個決定也許過於武斷，或可能被嗤笑爲任性。

但是，盛田氏早已下定決心，務必用「ＳＯＮＹ」的名稱。

對方認爲不利用他們五十多年來所確立的著名商標，硬要使用默默無名的松下名稱，乃是愚蠢之策。但盛田氏卻斷然直言：

「貴公司的商標在五十年前，和目前的松下一樣，無人知曉。敝公司爲了將來，現在正踏出五十年後的第一步。而在五十年後，松下必定和貴公司同樣聞名世界。」

毫不吝惜地捨棄這筆大訂單。

當時的盛田氏若無堅守松下商標的觀念，這筆契約簽字恐怕只是順水推舟的模式罷了。但是，盛田氏爲公司百年之計著想，不爲眼前的巨利所惑，斷然地拒絕B公司的要求。

他的態度不僅使B公司的高級主管，

就連松下公司內的主管也無法理解。但是，當時如果追求眼前之利，忍痛接納B公司的主張，也許就沒有今日雄傲世界的松下企業，如此一想，盛田氏的態度的確值得讚賞。

面對大廠商堂堂主張公平交易

另一例是，松下幸之助對飛利浦公司所表現的態度。

荷蘭的飛利浦公司在電子工業的技術上，與RCA曾經是世界雙冠。松下幸之助有意結合該公司的技術與松下的販賣力，於是在一九五二年十月與該公司進行電燈泡、日光燈、電子管等技術合作。

飛利浦公司要求松下提出營業額的百分之三做為技術轉讓費，這乃是理所當然的要求，松下立即應允。

但是，松下也提出自己的要求，其要求是索取經營指導費。松下主張既然接受技術指導，願意出百分之三的營業額做為技術指導費。但是，經營是由松下主持，理所當然應索取經營指導費。

聽此一言的飛利浦公司大為震驚。因為，以往在世界各處並無此例。但是，松下卻堅決地主張且強力要求，終於成功地取得百分之二的經營指導費。

不僅如此。雖然這次飛利浦公司取百分之三，松下取百分之二，雖然認同其間有百分之一的差別，但卻決定今後若在日本從事任何合作關係，一定保持授受關係的差額爲零。

提起飛利浦公司，乃是除了美國之外，支配世界一半以上市場的世界級企業。如此規模龐大的公司碰到松下幸之助，也只被操縱於股掌之間。

●大膽而理直氣壯的反覆推銷

成爲令人束手無策的PR高手

優秀的才能，唯有他人的認同才有價值。只有堅強地把自己推銷出去，他人才能理解你的才華。

這般的積極性，是社會活動中不可或缺的條件。

歷史上的人物，有許多果敢自我推銷而成功的例子。

土佐二十四萬石的諸侯・山內一豐和妻子千代，都是極懂得推銷的高手。一豐用妻子點滴積蓄的私房錢買了一匹駿馬，結果獲得嗜馬的織田信長的賞識，這段佳話在日本極爲有名。

一豐的妻子也卯足勁爲丈夫推銷。據說經常拜訪上司的夫人，四處宣傳丈夫的才能及人格。除了自己，也讓妻子盡心盡力做宣傳的山内一豐，的確是相當徹底的堅強者。

在中國有許多這類人物。孟嘗君的食客馮諼堪稱典型。馮諼在朋友的介紹下住進大政治家孟嘗君的豪宅，但因沒有特殊才華，只好安於位階最低等的技術者之列。

但是，他從此開始大膽地自我推銷。一有空閒，就手拿長劍高歌吟唱：「再也無法忍受這種三餐沒有魚食的待遇，拂袖離去吧！」

這件事傳到孟嘗君的耳朵。他只好把馮諼的食客身份提高一個位階。以往只有青菜的食物，改變爲有魚的飲食。

不久，馮諼又對著長劍高歌：「長劍啊！在此連外出的座車也沒有，我們還是離開吧！」──家臣把這件事告知孟嘗君，孟嘗君又提升他一個位階，讓他成爲附帶座車的食客。

但是，馮諼仍然不滿足。厚顏無恥地再次面對長劍高歌：「長此以往，也無法奉養自己的母親！」周遭者各個對他的作爲厭煩不已。但是，孟嘗君畢竟是央央大人物，據說知道馮諼有一位年邁的老母後，還供給他每月的養育費。

馮諼厚顏無恥地一再要求改善待遇，也想盡辦法推銷自己的存在，後來爲孟嘗君立下汗馬功勞。

如果他安於最下位的食客，也許並無活動的舞台，也無法名留千史了。

拍馬屁就拍大一點

若想功成名就，不只是自我推銷，也必須有計算在內的拍馬屁。

安史之亂而聞名的安祿山，在此策略上從不落人後。

他第一次到都城參見唐玄宗時，安祿山誠如其名，有著一副如巨山般的肥大身材。皇帝一看頗爲驚訝，問他：

「你那巨大腹中到底所藏何物？」

結果，安祿山正中下懷地回答：

「我的腹中裝滿著對陛下的眞心。」

首次見面就如此露骨的拍馬屁者，也堪稱異類。如此，安祿山深得玄宗皇帝的歡心，在宮廷內地位越來越高。

此後，敗在與楊國忠的權力鬥爭，被迫離開首都長安。但玄宗皇帝記得安祿山所說的「我的腹中滿載著對陛下的眞心」，因此，對於他在被驅逐之地舉兵造反之事，並不引以爲意。

而舉兵造反也是安祿山的模式。他的宗旨是「討伐君側之奸臣，以安定君心」。他所標榜的旗幟，乃是爲皇帝陛下、爲效忠國家。

安祿山之亂結果雖失敗，但爲了推銷自己的才識，如此大膽地拍馬屁的作爲，不愧是中國模式而壯觀。

●使不可能變成可能的「堅強」鍊金術

做給人看的堅強帶來的結果

本田技研最高顧問本田宗一郎曾說：

「需要並不在該處。我們必須在該處創造需要。」

本田技研的起步，是從裝在腳踏車上的補助引擎開始。爾後又進軍裝有這項引擎及汽油箱的腳踏車製造，在一九四九年終於推出正式摩托車「夢幻號」，使本田技研事業向前邁一大步。

接著，又再一九六〇年，命名爲「Super cab」的五〇 CC 摩托車，掀起一股大熱潮，本田技研從此完全地確立經營基礎。

Super cab 何以有如此爆發性的銷售量?其謎底就在前述本田氏的一席話中。

本田氏說：「需要是由我們製造。」身爲廠商的經營者，的確是氣慨非凡的發言。事實上光從 Super cab 的宣傳文句「單手即可駕駛的小型摩托車」看來，起初任何人也未曾預想有那麼爆發性的銷售成績。換言之，毀譽參半。

但是，發售後數月，這個商品的確有銷路。在街上到處可見麵館、壽司店負責外帶的營業員用單手駕駛 Super cab。這個景況有如替銷售行情點燃一把火。瞬間，Super cab 成爲全國性的暢銷商品。

本田流的積極性、需要創造主義傑出地奏效。由此可見，他的經營方針與基於消費者的需要而製造的安全主義有何不同。

當然，令本田氏有如此堅強的信念，無庸置疑乃是對消費者的需求、未來商品必會暢銷的敏銳洞察力，以及不斷技術革新而培養的「自信」。

生產者創造需要—乍看下不可能的事情，只要有辦得到、做給人看的堅強態度，以及摸索如何才辦得到的積極努力必能達成。

因大家說辦不到才做

以同樣的態度統籌經營的人物中，還有阪急電鐵的小林一三先生。

他也是基於和本田完全相同的理念，有感而發。

「如果沒有顧客，就主動製造顧客。」

小林氏在一九六五年初，參與箕面有馬電軌株式會社（阪急電鐵的前身）之經營。但是，這家公司因時機不好及沿線乘客稀少，眼看著經營就要出現赤字。

這時，發揮了小林氏那把不可能變成可能的不屈不撓鬥志與構想。

電車若沒有顧客搭乘則無盈餘。如果沒有顧客，只要在沿線各地讓顧客居住、建造觀光地——這乃是目前以民營鐵道為中心，都市近郊開發之基本觀念。

小林氏在一九六五年就標榜這個構想，以大阪為中心推行其周邊的住宅地開發。只要有住宅地，即有大量人口從大阪市遷移到該處。而這些人理所當然會使用電車。

起初，小林氏如此大規模的構想，並不獲經營主腦的採納。也許是小林氏的構想過於前衛，周遭者無法跟上腳步。

但是，小林氏卻頑強地貫徹己見。結果，沿線各地的營業成績開始步向坦途，成功地建立今日阪急電鐵的基礎。

小林氏一旦下定決心，不論任何人怎麼反對也絕不撤退。在高級主管會議上，即使遭受全體反對，也膽敢實行。

而阪急電車開通時的著名廣告文案中，有一句「空空蕩蕩的阪急電車」。周遭者群起反對，認為這樣的廣告詞會損傷公司的形象，但小林氏仍然堅決實行。

事實上，這個廣告極得人緣，証明了交通工具的「快適感」是多麼地重要。小林氏把「

不可能變成可能」的堅強，出人意外地奏效。

●忍耐到極限、猛力反擊的氣度

含莘茹苦至機會來臨

一般人似乎較欣賞特立獨行、貫徹攻擊精神，最後燦爛收場的人間群相。所以，用「不如歸鳥，不叫就等到你叫」這句爲譬喻的德川家康式的人，往往被人稱爲老狐狸，鮮有人緣。

但是，從另一個角度來看，家康才可說是眞正的「堅強者」。

「人之一生有如背負重擔。」

我們該如何解釋這句家康的家訓？

織田信長、豐臣秀吉的全盛期，他是幕後默默無名小卒。不僅不引人注目，還一再地忍耐長久的人質時期。

後來，他也有數次一統天下的機會。小牧長久手之戰（天正十二年）的勝利，如果當時趁勝進攻秀吉，也許能夠立即坐擁天下。

而秀吉去世時（慶長三年）即關原之戰，都是奪取天下的絕妙時機。

但家康一點也不急躁，關原之戰的三年後，才變成征夷大將軍，經過十二年，於大阪夏之陣消滅豐臣秀賴，終於名符其實地成爲衆人之上的天子。

他的一生有如背負重擔而來，因而絕不可慌亂而焦躁。應該帶著耐力、等候的氣度，徐緩地前進——家康對那句家訓應是如此地解釋。

而一般人對這個家訓的解釋是，人生有如背負重擔而行般地痛苦。因此，必須咬緊牙關前行。下定決心刻苦耐勞，乃是邁向成功之道。這也是符合一般人的觀念。

但是，刻苦耐勞並不保証任何人都會成功。自認已經下了一番苦功，或經歷許多辛勞，自然而生的鬆散感，反而會使一切徒勞無功。

靜候機會、一切齊備後再俟機而行，這樣的態度絕非懦弱。唯有這種程度的忍耐，才稱得上是眞正的堅強者。

家康的生存方式，教導我們此番眞理。

忍人之所不能忍者更堅強

對於忍耐才是眞正的堅強、氣度的道理，象棋九段芹澤博文也有同樣的主張。

芹澤氏是刻骨銘心地體驗勝負決戰之嚴酷與心酸的人。根據其個人經驗，他斷然直言：「所謂勝負乃是忍耐」。忍耐再忍耐，有如竹枝覆上白雪，強忍其重力而到極限時，竹枝會瞬間彈回覆蓋的白雪一般，自然產生強銳的瞬發力。

由此也能瞭解，斷然地認定「攻擊」等於堅強、「防守」等於懦弱，乃是錯誤的觀念。以劍道而言，一直忍耐到不無可忍之時，誘導對方靠近前來，而在緊要關頭奮力反擊。如此一擊乃是擊倒對方的秘訣。

正如會叫的狗不咬人的譬喻，經常虛張聲勢並無法掌握成功。這和面向遙遠的敵人空舞大刀是一樣的道理。

芹澤氏也說：

「進攻更害怕。」

這可以說是眞正的職業勝負決戰者，與一般的決戰者的差別吧。

●不必在意周遭的眼光，貫徹自己的方向

耐得住侮辱、嘲笑的男人

如果勢必達到目的，忍耐旁人的責難、中傷、忍辱而「埋沒」自己的堅強，有時也是不可或缺的。

孔子在『論語』中也說到：

「小不忍則亂大謀。」

漢朝時代，劉邦有一名武將叫韓信。

韓信在出人頭地之前，也經歷無數的苦難。

年少時代雖然胸懷大志，渴望有朝一日打出天下，但工作毫無著落，只好寄居於他人家中。

有一天，韓信腰配長劍，走在馬路上時，一名年輕人向他找碴。他是一直把韓信當做眼中釘的小混混。

「你只不過高頭大馬，其實是個膽小者。如果有度量，現在就用你的劍當場把我刺倒。如果辦不到，就從我的胯下鑽過。」

這時，周圍已有許多好事者聚集前來。這名小混混為的是讓韓信在衆人之前出醜。

韓信默默無言，緊盯著小混混的臉，一會兒之後，趴在地上從其胯下鑽過。在旁的好事者個個驚訝不已，嘲笑韓信是個懦弱者、無膽之人。

這乃是著名的「韓信胯下之辱」。

對韓信而言，這的確是個恥辱。但是，他認為這一點小事也無法忍受的話，如何能打出一番天下。

後來，韓信被劉邦提攜，立即展露頭角，才幾個月就擔任大將。支持劉邦統服天下的功臣之中，在軍事面上功績最大的正是韓信。

劉邦曾對他說：「戰必勝、攻必取之人。」

避免爭執絕非「懦弱」。眞正的堅強者不會白花力氣，唯有在賭注自己人生的重大決斷之時，才會發揮本領。

因逃得快而掌握「勝利」的人

乍看下顯得懦弱，其實積極而勇敢戰鬥的類似例子為數甚多。

爲獲勝，有時必須迂迴繞轉甚至逃跑。即使被怒罵爲懦弱膽小之人，但爲了貫徹自己的意念，也在所不惜。『三國誌』的梟雄——曹操也是這樣的人物之一。曹操的戰鬥力之強匹夫難敵，以快刀斬亂麻的威勢在亂世中趁勝追擊。

而曹操如此強勢的秘密，乃在於「逃跑」的速度。一旦發現戰況不利，毫無猶豫立即撤退。從不認爲臨陣脫逃是件恥辱。

當然，他的撤退是爲了獲勝，一旦俟機擁有勝算，必緊鑼密鼓大肆攻略而擊垮對方。正因爲他巧妙地運用撤退與攻擊的妙術，才能獲得那麼輝煌的戰果。

在日本，同樣以逃跑之快而聞名的是清水次郎長。他之所以能夠成爲龐大勢力的老大，完全是貫徹「逃跑」的功夫。

據說次郎長與對方較勁時，一旦發現能力無法匹敵，拔腿就逃。這乃是和不知天高地厚的小混混的差別。飛蛾撲火，九條命也不夠。爲了下次的獲勝，現在暫且脫逃——這正是次郎長的想法。

堂堂主張「知識無用論」的人

一味地掛意世俗一般人的眼光，根本無法憑自己的意志，邁向自己的人生。

有關「知識」也是同樣的道理。世間有多數人盲信「知識就是力量」，汲汲營營地求取知識。學校教育更是火上加油。甚至不以學校所學爲滿足，還上補習班大量地塡鴨知識。認爲大家都這麼做，自己的孩子或自己若不跟進的想法，並非眞正需求知識的態度。爲了個人成長之教育本來的目的，已不知去向。

面對這樣的人發表「知識無用論」，必會招來白眼。

但是，本田技研的本田宗一郎氏卻堂而皇之地做此主張。本田宗一郎本身的最後學歷是小學畢業。他說：未曾被自己的父母囉嗦不停地要求讀書，對自己而言幫助甚大。當時父母若要求我上中學，而在塡鴨式的教育下洗禮，恐怕沒有今天的自己。

他還說：像現代如此文明的時代，仍然和以往一樣塡塞知識是毫無意義的。若有不明之處，隨時都可查證出來。

甚且，他還斷言說：

「只是反述所學習的事物，和錄音帶並無兩樣。我最討厭把清楚記住各種事情的孩子叫做『好孩子』。」

如此討厭學校的宗一郎，日後也曾情非得已到學校就讀。

如前所述，爲了吸收製造活塞環的知識，二十七歲時到濱松商工就讀。

到學校讀書後深切體驗到的是，學生爲了考試分數而拚命地做筆記，但未曾爲了增加自己的實力而用功。

宗一郎爲了盡早製造活塞環，往往把課堂上的講義内容與自己工作連接在一起，因此，老師所說的每一句話清楚地記在腦裡，對日後相當有幫助。

因此，對於倫理教育或體育等與工作毫無關連的課程，一概不出席，也不參加考試。爲此與校長吵架，結果被迫退學。但是，對宗一郎而言，只要瞭解活塞環的製作法就好了，上學也達到了目的。

日後，宗一郎與當時的校長竹立先生有機會在東京碰頭，曾經一起飲酒。當時，竹立先生臉色沉重地說：「我對教育已經失去信心。」

詢問其原因，他的回答是：「在濱松高校時代，認爲最差勁的學生被勒令退學的你，在所有的學生當中成就最大。而暗自期許的學生，個個都不行。」

●不被眼前之利所誘，算盤打得精

顧及未來斷然做出大決斷

成功的人物，不論何種情況，絲毫不爲眼前小利動心，眼光宏遠，堅強地爲人生下賭注。

美國的大富豪查爾斯·馬可米克也不例外，他有一個超越常識的大決斷而贏的成功。

創立馬可米克公司的是他的叔父維羅比·馬可米克。他是非常優秀的經營者，業績蒸蒸日上，馬可米克公司成長爲世界級的香辛料公司。

但是，個人經營的弊害漸漸露出破綻，維羅比病歿時，公司已成支離破碎的狀態。

接任叔父經營權的查爾斯，做出偉大英明的決斷。當他獲知作業員的薪水若不減低一成，公司將會倒閉的訊息時，他不僅沒有降低工資，反而提高一成的工資。

同時，在全體作業員的面前發表，勞動時間把已往的一週五十六個鐘頭，減少爲四十五個鐘頭。

他所希望的是，利用這兩項決斷，讓全體作業員攜手合作，讓公司的經營朝向合理化以度過危機。

查爾斯的目標傑出地奏效。勞動者個個燃起爲自己就是爲公司的意識，團結一致努力奮發的結果，一年後把已往的赤字變成黑字。

在緊要關頭，一般人很難做出這樣的決斷。因爲，如果顧慮眼前的問題，絕對無法產生提高工資、縮短勞動時間的構想。

企盼更大利益不必在意小損失

日本的經營者中，三洋電機的井植歲男先生也是個好典範。

最先開發的電燈泡是井植氏的自信之作。當大幅地刊登報紙廣告，一切就緒正要開始發售時，竟然發現有一半的燈泡是不良品。

這時的他怎麼辦？他立即回收全部的燈泡，檢查不良的部份，重頭開始整修。數量約一萬個，相當於兩個月份的生產量。

一般人的想法，也許只顧及眼前的問題，想盡辦法矇混搪塞，能賣多少就賣多少。而且，公司成立不久，資金籌措困難，正需要提高業績的時候。

而井植氏的構想卻是以損失獲利。一旦不良品流到市面，廠商的信用將一敗塗地。他認爲，新公司有此作爲，將來必無三洋電機存在的價值。

爲眼前的損失利益所誘，則無法大幅地成長。

豐臣秀吉也有這樣的事蹟。

最初，他被松下嘉兵衛賞識，憑其充沛的機智與氣度，在短短時日之間，由雜役男僕晉升爲武士的身份。

但是，秀吉非常渴望成爲織田信長的部下。該如何是好？

當因緣際會，有機會在信長之下工作時，他表示個人的希望：

「我不敢要求雜兵之類的階級，只要充當雜役男僕心已願足。希望能服侍信長將軍。」

即使身份降格，只要能服侍信長，不久將有更大的機會來臨，秀吉所打的是更大的算盤。

這也是不爲眼前小利所誘，爲將來更大的目標賭注的絕佳例子。

●大膽猛攻才能成功

使用一千張名片終於獲得存款客戶

「努力勝過天才」——凡事帶著熱誠大膽直攻，絕無不可能之事。只要朝目標集中精神，以不退讓的決心處事，任何事都能成功。和田充市先生就是其中一例。

和田氏擔任三井銀行支店長席次時，正爲取得顧客儲金而奔走之際，他心中充滿著：渴望與當時松下電器產業社長松下幸之助會面，並取得交易的企圖。

但是，松下電器產業的交易銀行是住友銀行。因此，他的前輩、同事們未曾想過可以從松下電器產業獲得儲蓄的交易。

但是，和田氏卻大膽地挑戰。他訂定每天在固定時間到該公司訪問的計劃，並且付諸實行。

起初在守衛的關卡就吃閉門羹。但是，和田氏一點也不氣餒，仍然每天前往遊說。結果，連警衛也為他的耐性折服了，終於允許和田氏進入公司。那是花了四百張名片之後的事。終於突破第一個關卡。

但是，縱然警衛允許通過大門，櫃台卻不應允。於是接著每天到櫃台拜訪。日復一日從不間斷。結果，櫃台人員也被和田氏的強烈攻勢軟化，終於允許通過櫃台。

當時所使用的名片也是四百張，如此突破了第二關卡。

但是，接下來還有一道難關。那是秘書室的關卡。這個地方可不隨意放行。甚至被秘書斥責：「已經拒絕你了，怎麼又來呢？」也不引以為意，仍然大膽地繼續進擊。

某天，放下第兩百張名片打算離去時，秘書

說：「請進！」招待他進入社長室。終於突破最後一道關卡。

宿願終於得償的和田氏，強制壓抑噗通鼓跳的心，與松下幸之助會面。也許松下氏內心也想著：連我也對你的熱忱與勇敢折服了。當場同意在三井銀行設立存戶。

松下幸之助平時就一再強調，身爲指導者必須比任何人更具「熱忱」的勇敢。指導者並不須擔憂没有才華。但是卻必須畏懼缺乏「熱忱」。換言之，勇敢而一再地進攻，正是成功的秘訣。

我們的態度不應是想做，而是無論如何都要完成，不僅是指導者，任何人只要有這個「熱忱」自然會產生智慧，有創意。我們應該抱持這樣的信念。秉持這個理念的松下氏，自然對和田氏的態度產生共鳴。

令對方免費提供一萬個電池

以下介紹的例子是，松下氏在日本經濟恐慌之中，打算賭注公司生命，出售自社的電燈泡。

對製品本身具有絕對自信，而如何才能有標新立異的推銷法？若要大量販賣，唯有吸引衆人矚目的宣傳。

想到這裡，松下氏突發奇想，他的宣傳法竟然是免費贈送一萬個電燈泡。

但是，電燈泡上所需要的電池也需要一萬個。爲了免費提供市場宣傳的電燈泡，特定從他處購買電池，確實划不來。那麼，該怎麼辦？

松下氏拼命地思考再思考，終於想到一個空前絕後的妙案。

他到乾電池公司的社長處，要求對方免費提供一萬個電池。對方大吃一驚，並不快地表示：憑什麼白白送你如此大量的電池？

但是，松下氏一點也不退縮。即使一再遭受拒絕，仍然卯足勁堅持到底。

「我有絕對的信心。這個宣傳效果非常大。今年內一定爲貴公司的電池出售二十萬個。如果確實出售二十萬個，請回扣一萬個給我們。請你把它當做裝在電燈泡上的一萬個乾電池的回扣份，事先讓我們使用罷了。」

乾電池公司的社長也折服於松下氏那幾近不知恥的神經與熱忱，終於答應他的請求。

結果大大地成功。據說各地的電燈泡訂單湧入，電池也銷售四十數萬個。

任何狀況，只要全身充滿著熱忱，果敢堅強地進擊，必能成功。「行之無不可」乃是自己創造出來的。

●超越常識壯大自己

研究買賣所必要的催眠術乃至氣合術的人

隨心掌握自己命運而成功的人，多數是智多星，而且非同小可，往往固執己見，開發令人喪膽的構想。

江崎固立可的創業者。江崎利一先生就是其中一人。

明治十五年，江崎氏出生於佐賀縣。小學高等科畢業的同時，從事家業的藥酒製造。從大正四年之後也兼營葡萄酒業。而在大正十一年，移居大阪設立江崎固立可株式會社。

對商場活動極為熱心，且滿懷一再開發新製品熱忱的江崎氏，對於有助於生意買賣的各種學問，以獨學的方式全力投入。據說研究的範圍從廣告學到心理學，甚至催眠術及氣合術。

結果，產生了以往的糕餅所缺乏的，充滿各種創意與構思的製品。

在苦心開發研究中，創造了以往被認為不可能實現的技術，震驚世人。譬如，推出異於以往四角型的心型糖果、一顆巧克力中放一粒核桃的核桃巧克力，還有吃的時候不會弄髒手的棒狀巧克力等。

當時的糖果盒一般是黃色的。但是，爲了避免「營養餅乾」被混同爲一般的糖果，而把包裝改成鮮紅色。又在包裝盒上描繪獨特的奔跑標緻，決定它爲商標，清楚地確定公司的走向，這就是著名的「固立可」。

「固立可」發賣之初，並不如預期地好。但是，從此發揮了江崎氏的眞正價值。他不畏業績蕭條，仍然一再研發令人喪膽的奇特構想，終於獲得成功。其過程如下。

一、賞味包……在裝有兩顆固立可的小紙袋上，寫著「盡情賞味」放在店頭或到婦女會分發。後來，大家起而效法，成爲食品業界一般的宣傳模式。這正是今日試食宣傳的發端。

這個方式極得人緣，因此，改變以往免費配送的方式，做成像固立可包裝盒一般，賣一塊錢、二塊錢的可愛小包裝。這是毫無損益的無經費宣傳。

二、附帶點券的宣傳單……這是目前的宣傳單，在宣傳單的一角附有點券。因此，接獲這種宣傳單的人，通常會保存而不隨手一扔。這也是日本最初的奇招。

三、公德販賣機……這是從各地神社的「抽籤」問卜所獲得的創意，而考察出的無人販賣機。機器上寫著「請投入五塊錢，自由取出一個」刺激顧客的公德心。它無異是現代版的無人店頭，爾後發展爲業界首次的自動販賣機。

四、標語……以卡路里計算一顆糖果的營養價值，用運動量來表現，如「一顆三〇〇公尺」。這是實際地佐証，確實含有可以賽跑三〇〇公尺的卡路里含量的眞實性。

五、網袋與寫著禮物的紙條……江崎氏也出售五塊錢或十塊前一袋的混合裝或十塊錢一桶的紅色圓桶裝餅乾。但是，賣況不佳。因此，他又把五罐餅乾裝入網袋內掛在店頭，但效果也不好。因此，最後試著用一張紅紙條綁在網袋下。

再用墨水於紙片上寫著「禮物」，結果紙片隨風飄揚而吸引人的注意，連百貨公司也樂意懸掛這個商品。後來普及到全國。

六、附贈品……當時，附帶美女紙卡的「Sunlights」的香煙風評極佳。江崎氏從此獲得暗示，在固立可上也附贈圖畫卡或糖果紙包裝的乳果做爲贈品。這就是附贈品。

據說由於這個附贈品活動，固立可終於成爲固立可。因爲，附贈品變成具有教育性的小玩具，爲了保護它而製造出附贈品箱。附贈品箱這項考案是在昭和四年（一九二九年），而小玩具早已有之。這個構想是來自江崎企業所秉持的，傳統消費者志向的精神。

經過以上的嘗試，以奇招謀略令人喪膽而成功的江崎氏，經常教育社員們：

「不要模仿他人。創造固立可獨自的商品！」

「製造獨創性的商品，令人無從模仿！」

宣稱自己是已死之人

MISAWA　HOME的創業者，三澤千代治先生也以令人驚奇的絕招獲得成功的人。

在移動式建築風潮之下，業績已有大躍拓展的該公司，也從一九七四年之後，兩年間因急速的營業額減低而陷入危機。

三澤氏拼命地思考其中原因。

結果，三澤氏想到掌握時代潮流的經營策略，是何等重要的課題。出生於高度成長時代的年輕世代已漸漸長大。他們對家的感覺和以往、稍早世代的人完全不同。

三澤氏徹底地調查並研究年輕世代所想要的是什麼樣的家。結果，他想出吸引年輕世代注意的嶄新戰略。

但是，即使大老闆向職員們再三激勵：今後基於嶄新的戰略，務必向消費者出售這類商品，請大家卯足勁好好加油！卻沒有太大的反應。

如果是經營者換人，職員們也許能理解以往的經營方針不良才造成業績減弱，今後必須有新的經營戰略，而以新的心情去面對工作，但公司所有人就是經營者的情況，反而無法獲得贊同。

因此，三澤氏斷然做出一項決定。他竟然發表自己的死亡宣言。

他向全體職員如此宣稱：

「請各位把董事長當做出差時，飛機在仙台上空墜落而死亡，由於前代董事長的經營方針有誤，造成了兩年業績惡化。但是，第二代董事長是基於完全嶄新的構想，用此方針朝重建公司努力，因此，希望全體職員能同心協力，有志一同爲公司盡心盡力！」

這種空前絕後的堅強決斷，終於使職員們士氣大振，全心投入工作。MISAWA HOME最後成長爲移動住宅的翹楚。

爲了獲勝採取強硬的奇略。劍豪—塚原卜傳也是擅長這種手段的人物。

卜傳出生於常陸國，長大後到京都，獲得將軍足利義輝的知遇。爾後，以一名武者到各國修行，他那無章法可尋的作爲，令各個劍客聞之喪膽。

卜傳氏是如何不就章法？簡言之，乃是不戰而勝。無謂的戰鬥一概避免。若不脫逃卻要避免，必須在緊要關頭有出人意外的決斷力。

在渡船之中，有名劍客突然向他挑戰，他如此回答：

「在如此狹窄的船舟中以刀劍往來決鬥，會對其他人造成麻煩。我們不如爬上凸出於該處的大岩石上，盡情地一決勝負？」

焦急的對方當船舟靠近那塊岩石的瞬間，立即一跳而上，但卜傳卻趕緊拿起船頭上的船竿，往巨岩一推離開原處。

「膽小鬼！打算逃嗎？」

對方氣得直跺腳。

卜傳卻無所謂地說：

「做無謂的砍鬥乃是拙者的劍法。花一點時間在大岩上清醒一下吧！」這就是不就章法的眞髓。也正是千鈞一髮之際，如何運用智慧使狀況對自己有利，冷靜且大膽付諸行動的範本。

大展出版社有限公司 圖書目錄

地址：台北市北投區11204
致遠一路二段12巷1號
電話：(02) 8236031
8236033
郵撥： 0166955～1
傳眞：(02) 8272069

・法律專欄連載・電腦編號 58

台大法學院 法律學系／策劃
法律服務社／編著

①別讓您的權利睡著了[1]	200元
②別讓您的權利睡著了[2]	200元

・秘傳占卜系列・電腦編號 14

①手相術	淺野八郎著	150元
②人相術	淺野八郎著	150元
③西洋占星術	淺野八郎著	150元
④中國神奇占卜	淺野八郎著	150元
⑤夢判斷	淺野八郎著	150元
⑥前世、來世占卜	淺野八郎著	150元
⑦法國式血型學	淺野八郎著	150元
⑧靈感、符咒學	淺野八郎著	150元
⑨紙牌占卜學	淺野八郎著	150元
⑩ＥＳＰ超能力占卜	淺野八郎著	150元
⑪猶太數的秘術	淺野八郎著	150元
⑫新心理測驗	淺野八郎著	160元

・趣味心理講座・電腦編號 15

①性格測驗１	探索男與女	淺野八郎著	140元
②性格測驗２	透視人心奧秘	淺野八郎著	140元
③性格測驗３	發現陌生的自己	淺野八郎著	140元
④性格測驗４	發現你的真面目	淺野八郎著	140元
⑤性格測驗５	讓你們吃驚	淺野八郎著	140元
⑥性格測驗６	洞穿心理盲點	淺野八郎著	140元
⑦性格測驗７	探索對方心理	淺野八郎著	140元
⑧性格測驗８	由吃認識自己	淺野八郎著	140元
⑨性格測驗９	戀愛知多少	淺野八郎著	140元

⑩性格測驗10　由裝扮瞭解人心	淺野八郎著	140元
⑪性格測驗11　敲開內心玄機	淺野八郎著	140元
⑫性格測驗12　透視你的未來	淺野八郎著	140元
⑬血型與你的一生	淺野八郎著	160元
⑭趣味推理遊戲	淺野八郎著	160元
⑮行爲語言解析	淺野八郎著	160元

・婦幼天地・電腦編號16

①八萬人減肥成果	黃靜香譯	180元
②三分鐘減肥體操	楊鴻儒譯	150元
③窈窕淑女美髮秘訣	柯素娥譯	130元
④使妳更迷人	成　玉譯	130元
⑤女性的更年期	官舒姸編譯	160元
⑥胎內育兒法	李玉瓊編譯	150元
⑦早產兒袋鼠式護理	唐岱蘭譯	200元
⑧初次懷孕與生產	婦幼天地編譯組	180元
⑨初次育兒12個月	婦幼天地編譯組	180元
⑩斷乳食與幼兒食	婦幼天地編譯組	180元
⑪培養幼兒能力與性向	婦幼天地編譯組	180元
⑫培養幼兒創造力的玩具與遊戲	婦幼天地編譯組	180元
⑬幼兒的症狀與疾病	婦幼天地編譯組	180元
⑭腿部苗條健美法	婦幼天地編譯組	150元
⑮女性腰痛別忽視	婦幼天地編譯組	150元
⑯舒展身心體操術	李玉瓊編譯	130元
⑰三分鐘臉部體操	趙薇妮著	160元
⑱生動的笑容表情術	趙薇妮著	160元
⑲心曠神怡減肥法	川津祐介著	130元
⑳內衣使妳更美麗	陳玄茹譯	130元
㉑瑜伽美姿美容	黃靜香編著	150元
㉒高雅女性裝扮學	陳珮玲譯	180元
㉓蠶糞肌膚美顏法	坂梨秀子著	160元
㉔認識妳的身體	李玉瓊譯	160元
㉕產後恢復苗條體態	居理安・芙萊喬著	200元
㉖正確護髮美容法	山崎伊久江著	180元
㉗安琪拉美姿養生學	安琪拉蘭斯博瑞著	180元
㉘女體性醫學剖析	增田豐著	220元
㉙懷孕與生產剖析	岡部綾子著	180元
㉚斷奶後的健康育兒	東城百合子著	220元
㉛引出孩子幹勁的責罵藝術	多湖輝著	170元
㉜培養孩子獨立的藝術	多湖輝著	170元

㉝子宮肌瘤與卵巢囊腫	陳秀琳編著	180元
㉞下半身減肥法	納他夏・史達賓著	180元
㉟女性自然美容法	吳雅菁編著	180元

・青 春 天 地・電腦編號 17

①A血型與星座	柯素娥編譯	120元
②B血型與星座	柯素娥編譯	120元
③O血型與星座	柯素娥編譯	120元
④AB血型與星座	柯素娥編譯	120元
⑤青春期性教室	呂貴嵐編譯	130元
⑥事半功倍讀書法	王毅希編譯	150元
⑦難解數學破題	宋釗宜編譯	130元
⑧速算解題技巧	宋釗宜編譯	130元
⑨小論文寫作秘訣	林顯茂編譯	120元
⑪中學生野外遊戲	熊谷康編著	120元
⑫恐怖極短篇	柯素娥編譯	130元
⑬恐怖夜話	小毛驢編譯	130元
⑭恐怖幽默短篇	小毛驢編譯	120元
⑮黑色幽默短篇	小毛驢編譯	120元
⑯靈異怪談	小毛驢編譯	130元
⑰錯覺遊戲	小毛驢編譯	130元
⑱整人遊戲	小毛驢編著	150元
⑲有趣的超常識	柯素娥編譯	130元
⑳哦！原來如此	林慶旺編譯	130元
㉑趣味競賽100種	劉名揚編譯	120元
㉒數學謎題入門	宋釗宜編譯	150元
㉓數學謎題解析	宋釗宜編譯	150元
㉔透視男女心理	林慶旺編譯	120元
㉕少女情懷的自白	李桂蘭編譯	120元
㉖由兄弟姊妹看命運	李玉瓊編譯	130元
㉗趣味的科學魔術	林慶旺編譯	150元
㉘趣味的心理實驗室	李燕玲編譯	150元
㉙愛與性心理測驗	小毛驢編譯	130元
㉚刑案推理解謎	小毛驢編譯	130元
㉛偵探常識推理	小毛驢編譯	130元
㉜偵探常識解謎	小毛驢編譯	130元
㉝偵探推理遊戲	小毛驢編譯	130元
㉞趣味的超魔術	廖玉山編著	150元
㉟趣味的珍奇發明	柯素娥編著	150元
㊱登山用具與技巧	陳瑞菊編著	150元

·健 康 天 地· 電腦編號18

①壓力的預防與治療	柯素娥編譯	130元
②超科學氣的魔力	柯素娥編譯	130元
③尿療法治病的神奇	中尾良一著	130元
④鐵證如山的尿療法奇蹟	廖玉山譯	120元
⑤一日斷食健康法	葉慈容編譯	150元
⑥胃部強健法	陳炳崑譯	120元
⑦癌症早期檢查法	廖松濤譯	160元
⑧老人痴呆症防止法	柯素娥編譯	130元
⑨松葉汁健康飲料	陳麗芬編譯	130元
⑩揉肚臍健康法	永井秋夫著	150元
⑪過勞死、猝死的預防	卓秀貞編譯	130元
⑫高血壓治療與飲食	藤山順豐著	150元
⑬老人看護指南	柯素娥編譯	150元
⑭美容外科淺談	楊啟宏著	150元
⑮美容外科新境界	楊啟宏著	150元
⑯鹽是天然的醫生	西英司郎著	140元
⑰年輕十歲不是夢	梁瑞麟譯	200元
⑱茶料理治百病	桑野和民著	180元
⑲綠茶治病寶典	桑野和民著	150元
⑳杜仲茶養顏減肥法	西田博著	150元
㉑蜂膠驚人療效	瀨長良三郎著	150元
㉒蜂膠治百病	瀨長良三郎著	180元
㉓醫藥與生活	鄭炳全著	180元
㉔鈣長生寶典	落合敏著	180元
㉕大蒜長生寶典	木下繁太郎著	160元
㉖居家自我健康檢查	石川恭三著	160元
㉗永恒的健康人生	李秀鈴譯	200元
㉘大豆卵磷脂長生寶典	劉雪卿譯	150元
㉙芳香療法	梁艾琳譯	160元
㉚醋長生寶典	柯素娥譯	180元
㉛從星座透視健康	席拉・吉蒂斯著	180元
㉜愉悅自在保健學	野本二士夫著	160元
㉝裸睡健康法	丸山淳士等著	160元
㉞糖尿病預防與治療	藤田順豐著	180元
㉟維他命長生寶典	菅原明子著	180元
㊱維他命C新效果	鐘文訓編	150元
㊲手、腳病理按摩	堤芳郎著	160元
㊳AIDS瞭解與預防	彼得塔歇爾著	180元

㊴甲殼質殼聚糖健康法	沈永嘉譯	160元
㊵神經痛預防與治療	木下眞男著	160元
㊶室內身體鍛鍊法	陳炳崑編著	160元
㊷吃出健康藥膳	劉大器編著	180元
㊸自我指壓術	蘇燕謀編著	160元
㊹紅蘿蔔汁斷食療法	李玉瓊編著	150元
㊺洗心術健康秘法	竺翠萍編譯	170元
㊻枇杷葉健康療法	柯素娥編譯	180元
㊼抗衰血癒	楊啟宏著	180元
㊽與癌搏鬥記	逸見政孝著	180元
㊾冬蟲夏草長生寶典	高橋義博著	170元
㊿痔瘡・大腸疾病先端療法	宮島伸宜著	180元
51膠布治癒頑固慢性病	加瀨建造著	180元
52芝麻神奇健康法	小林貞作著	170元
53香煙能防止癡呆？	高田明和著	180元
54穀菜食治癌療法	佐藤成志著	180元

・實用女性學講座・電腦編號 19

①解讀女性內心世界	島田一男著	150元
②塑造成熟的女性	島田一男著	150元
③女性整體裝扮學	黃靜香編著	180元
④女性應對禮儀	黃靜香編著	180元

・校 園 系 列・電腦編號 20

①讀書集中術	多湖輝著	150元
②應考的訣竅	多湖輝著	150元
③輕鬆讀書贏得聯考	多湖輝著	150元
④讀書記憶秘訣	多湖輝著	150元
⑤視力恢復！超速讀術	江錦雲譯	180元
⑥讀書36計	黃柏松編著	180元
⑦驚人的速讀術	鐘文訓編著	170元

・實用心理學講座・電腦編號 21

①拆穿欺騙伎倆	多湖輝著	140元
②創造好構想	多湖輝著	140元
③面對面心理術	多湖輝著	160元
④僞裝心理術	多湖輝著	140元
⑤透視人性弱點	多湖輝著	140元

⑥自我表現術	多湖輝著	150元
⑦不可思議的人性心理	多湖輝著	150元
⑧催眠術入門	多湖輝著	150元
⑨責罵部屬的藝術	多湖輝著	150元
⑩精神力	多湖輝著	150元
⑪厚黑說服術	多湖輝著	150元
⑫集中力	多湖輝著	150元
⑬構想力	多湖輝著	150元
⑭深層心理術	多湖輝著	160元
⑮深層語言術	多湖輝著	160元
⑯深層說服術	多湖輝著	180元
⑰掌握潛在心理	多湖輝著	160元
⑱洞悉心理陷阱	多湖輝著	180元
⑲解讀金錢心理	多湖輝著	180元
⑳拆穿語言圈套	多湖輝著	180元
㉑語言的心理戰	多湖輝著	180元

•超現實心理講座•電腦編號 22

①超意識覺醒法	詹蔚芬編譯	130元
②護摩秘法與人生	劉名揚編譯	130元
③秘法！超級仙術入門	陸　明譯	150元
④給地球人的訊息	柯素娥編著	150元
⑤密教的神通力	劉名揚編著	130元
⑥神秘奇妙的世界	平川陽一著	180元
⑦地球文明的超革命	吳秋嬌譯	200元
⑧力量石的秘密	吳秋嬌譯	180元
⑨超能力的靈異世界	馬小莉譯	200元
⑩逃離地球毀滅的命運	吳秋嬌譯	200元
⑪宇宙與地球終結之謎	南山宏著	200元
⑫驚世奇功揭秘	傅起鳳著	200元
⑬啟發身心潛力心象訓練法	栗田昌裕著	180元
⑭仙道術遁甲法	高藤聰一郎著	220元
⑮神通力的秘密	中岡俊哉著	180元

•養 生 保 健•電腦編號 23

①醫療養生氣功	黃孝寛著	250元
②中國氣功圖譜	余功保著	230元
③少林醫療氣功精粹	井玉蘭著	250元
④龍形實用氣功	吳大才等著	220元

⑤魚戲增視強身氣功	宮　嬰著	220元
⑥嚴新氣功	前新培金著	250元
⑦道家玄牝氣功	張　章著	200元
⑧仙家秘傳袪病功	李遠國著	160元
⑨少林十大健身功	秦慶豐著	180元
⑩中國自控氣功	張明武著	250元
⑪醫療防癌氣功	黃孝寬著	250元
⑫醫療強身氣功	黃孝寬著	250元
⑬醫療點穴氣功	黃孝寬著	250元
⑭中國八卦如意功	趙維漢著	180元
⑮正宗馬禮堂養氣功	馬禮堂著	420元
⑯秘傳道家筋經內丹功	王慶餘著	280元
⑰三元開慧功	辛桂林著	250元
⑱防癌治癌新氣功	郭　林著	180元
⑲禪定與佛家氣功修煉	劉天君著	200元
⑳顛倒之術	梅自強著	元
㉑簡明氣功辭典	吳家駿編	元

•社會人智囊•電腦編號 24

①糾紛談判術	清水增三著	160元
②創造關鍵術	淺野八郎著	150元
③觀人術	淺野八郎著	180元
④應急詭辯術	廖英迪編著	160元
⑤天才家學習術	木原武一著	160元
⑥猫型狗式鑑人術	淺野八郎著	180元
⑦逆轉運掌握術	淺野八郎著	180元
⑧人際圓融術	澀谷昌三著	160元
⑨解讀人心術	淺野八郎著	180元
⑩與上司水乳交融術	秋元隆司著	180元
⑪男女心態定律	小田晉著	180元
⑫幽默說話術	林振輝編著	200元
⑬人能信賴幾分	淺野八郎著	180元
⑭我一定能成功	李玉瓊譯	元
⑮獻給青年的嘉言	陳蒼杰譯	元
⑯知人、知面、知其心	林振輝編著	元

•精選系列•電腦編號 25

①毛澤東與鄧小平	渡邊利夫等著	280元
②中國大崩裂	江戶介雄著	180元

③台灣・亞洲奇蹟	上村幸治著	220元
④7-ELEVEN高盈收策略	國友隆一著	180元
⑤台灣獨立	森　詠著	200元
⑥迷失中國的末路	江戶雄介著	220元
⑦2000年5月全世界毀滅	紫藤甲子男著	180元

・運動遊戲・電腦編號 26

①雙人運動	李玉瓊譯	160元
②愉快的跳繩運動	廖玉山譯	180元
③運動會項目精選	王佑京譯	150元
④肋木運動	廖玉山譯	150元
⑤測力運動	王佑宗譯	150元

・銀髮族智慧學・電腦編號 28

①銀髮六十樂逍遙	多湖輝著	170元
②人生六十反年輕	多湖輝著	170元
③六十歲的決斷	多湖輝著	170元

・心靈雅集・電腦編號 00

①禪言佛語看人生	松濤弘道著	180元
②禪密教的奧秘	葉逯謙譯	120元
③觀音大法力	田口日勝著	120元
④觀音法力的大功德	田口日勝著	120元
⑤達摩禪106智慧	劉華亭編譯	150元
⑥有趣的佛教研究	葉逯謙編譯	120元
⑦夢的開運法	蕭京凌譯	130元
⑧禪學智慧	柯素娥編譯	130元
⑨女性佛教入門	許俐萍譯	110元
⑩佛像小百科	心靈雅集編譯組	130元
⑪佛教小百科趣談	心靈雅集編譯組	120元
⑫佛教小百科漫談	心靈雅集編譯組	150元
⑬佛教知識小百科	心靈雅集編譯組	150元
⑭佛學名言智慧	松濤弘道著	220元
⑮釋迦名言智慧	松濤弘道著	220元
⑯活人禪	平田精耕著	120元
⑰坐禪入門	柯素娥編譯	150元
⑱現代禪悟	柯素娥編譯	130元
⑲道元禪師語錄	心靈雅集編譯組	130元

⑳佛學經典指南	心靈雅集編譯組	130元
㉑何謂「生」 阿含經	心靈雅集編譯組	150元
㉒一切皆空 般若心經	心靈雅集編譯組	150元
㉓超越迷惘 法句經	心靈雅集編譯組	130元
㉔開拓宇宙觀 華嚴經	心靈雅集編譯組	130元
㉕真實之道 法華經	心靈雅集編譯組	130元
㉖自由自在 涅槃經	心靈雅集編譯組	130元
㉗沈默的教示 維摩經	心靈雅集編譯組	150元
㉘開通心眼 佛語佛戒	心靈雅集編譯組	130元
㉙揭秘寶庫 密教經典	心靈雅集編譯組	130元
㉚坐禪與養生	廖松濤譯	110元
㉛釋尊十戒	柯素娥編譯	120元
㉜佛法與神通	劉欣如編著	120元
㉝悟（正法眼藏的世界）	柯素娥編譯	120元
㉞只管打坐	劉欣如編著	120元
㉟喬答摩・佛陀傳	劉欣如編著	120元
㊱唐玄奘留學記	劉欣如編著	120元
㊲佛教的人生觀	劉欣如編譯	110元
㊳無門關（上卷）	心靈雅集編譯組	150元
㊴無門關（下卷）	心靈雅集編譯組	150元
㊵業的思想	劉欣如編著	130元
㊶佛法難學嗎	劉欣如著	140元
㊷佛法實用嗎	劉欣如著	140元
㊸佛法殊勝嗎	劉欣如著	140元
㊹因果報應法則	李常傳編	140元
㊺佛教醫學的奧秘	劉欣如編著	150元
㊻紅塵絕唱	海　若著	130元
㊼佛教生活風情	洪丕謨、姜玉珍著	220元
㊽行住坐臥有佛法	劉欣如著	160元
㊾起心動念是佛法	劉欣如著	160元
㊿四字禪語	曹洞宗青年會	200元
51妙法蓮華經	劉欣如編著	160元
52根本佛教與大乘佛教	葉作森編	180元

・經 營 管 理・電腦編號 01

◎創新經營管理六十六大計（精）	蔡弘文編	780元
①如何獲取生意情報	蘇燕謀譯	110元
②經濟常識問答	蘇燕謀譯	130元
④台灣商戰風雲錄	陳中雄著	120元
⑤推銷大王秘錄	原一平著	180元

⑥新創意・賺大錢	王家成譯	90元
⑦工廠管理新手法	琪　輝著	120元
⑨經營參謀	柯順隆譯	120元
⑩美國實業24小時	柯順隆譯	80元
⑪撼動人心的推銷法	原一平著	150元
⑫高竿經營法	蔡弘文編	120元
⑬如何掌握顧客	柯順隆譯	150元
⑭一等一賺錢策略	蔡弘文編	120元
⑯成功經營妙方	鐘文訓著	120元
⑰一流的管理	蔡弘文編	150元
⑱外國人看中韓經濟	劉華亭譯	150元
⑳突破商場人際學	林振輝編著	90元
㉑無中生有術	琪輝編著	140元
㉒如何使女人打開錢包	林振輝編著	100元
㉓操縱上司術	邑井操著	90元
㉔小公司經營策略	王嘉誠著	160元
㉕成功的會議技巧	鐘文訓編譯	100元
㉖新時代老闆學	黃柏松編著	100元
㉗如何創造商場智囊團	林振輝編譯	150元
㉘十分鐘推銷術	林振輝編譯	180元
㉙五分鐘育才	黃柏松編譯	100元
㉚成功商場戰術	陸明編譯	100元
㉛商場談話技巧	劉華亭編譯	120元
㉜企業帝王學	鐘文訓譯	90元
㉝自我經濟學	廖松濤編譯	100元
㉞一流的經營	陶田生編著	120元
㉟女性職員管理術	王昭國編譯	120元
㊱ＩＢＭ的人事管理	鐘文訓編譯	150元
㊲現代電腦常識	王昭國編譯	150元
㊳電腦管理的危機	鐘文訓編譯	120元
㊴如何發揮廣告效果	王昭國編譯	150元
㊵最新管理技巧	王昭國編譯	150元
㊶一流推銷術	廖松濤編譯	150元
㊷包裝與促銷技巧	王昭國編譯	130元
㊸企業王國指揮塔	松下幸之助著	120元
㊹企業精銳兵團	松下幸之助著	120元
㊺企業人事管理	松下幸之助著	100元
㊻華僑經商致富術	廖松濤編譯	130元
㊼豐田式銷售技巧	廖松濤編譯	180元
㊽如何掌握銷售技巧	王昭國編著	130元
㊿洞燭機先的經營	鐘文訓編譯	150元

㊾新世紀的服務業	鐘文訓編譯	100元
㊿成功的領導者	廖松濤編譯	120元
㊴女推銷員成功術	李玉瓊編譯	130元
㊵ＩＢＭ人才培育術	鐘文訓編譯	100元
㊶企業人自我突破法	黃琪輝編著	150元
㊸財富開發術	蔡弘文編著	130元
㊹成功的店舖設計	鐘文訓編著	150元
㉛企管回春法	蔡弘文編著	130元
㉜小企業經營指南	鐘文訓編譯	100元
㉝商場致勝名言	鐘文訓編譯	150元
㉞迎接商業新時代	廖松濤編譯	100元
㉟新手股票投資入門	何朝乾　編	180元
㊱上揚股與下跌股	何朝乾編譯	180元
㊲股票速成學	何朝乾編譯	200元
㊳理財與股票投資策略	黃俊豪編著	180元
㊷黃金投資策略	黃俊豪編著	180元
㊺厚黑管理學	廖松濤編譯	180元
㊻股市致勝格言	呂梅莎編譯	180元
㊼透視西武集團	林谷燁編譯	150元
㊽巡迴行銷術	陳蒼杰譯	150元
㊾推銷的魔術	王嘉誠譯	120元
㊿60秒指導部屬	周蓮芬編譯	150元
⑺精銳女推銷員特訓	李玉瓊編譯	130元
⑻企劃、提案、報告圖表的技巧	鄭　汶　譯	180元
⑻海外不動產投資	許達守編譯	150元
⑻八百伴的世界策略	李玉瓊譯	150元
⑻服務業品質管理	吳宜芬譯	180元
⑻零庫存銷售	黃東謙編譯	150元
⑻三分鐘推銷管理	劉名揚編譯	150元
⑻推銷大王奮鬥史	原一平著	150元
⑻豐田汽車的生產管理	林谷燁編譯	150元

・成功寶庫・電腦編號 02

①上班族交際術	江森滋著	100元
②拍馬屁訣竅	廖玉山編譯	110元
④聽話的藝術	歐陽輝編譯	110元
⑨求職轉業成功術	陳　義編著	110元
⑩上班族禮儀	廖玉山編著	120元
⑪接近心理學	李玉瓊編著	100元
⑫創造自信的新人生	廖松濤編著	120元

⑭上班族如何出人頭地	廖松濤編著	100元
⑮神奇瞬間瞑想法	廖松濤編譯	100元
⑯人生成功之鑰	楊意苓編著	150元
⑲給企業人的諍言	鐘文訓編著	120元
⑳企業家自律訓練法	陳　義編譯	100元
㉑上班族妖怪學	廖松濤編著	100元
㉒猶太人縱橫世界的奇蹟	孟佑政編著	110元
㉓訪問推銷術	黃静香編著	130元
㉕你是上班族中強者	嚴思圖編著	100元
㉖向失敗挑戰	黃静香編著	100元
㉙機智應對術	李玉瓊編著	130元
㉚成功頓悟100則	蕭京凌編譯	130元
㉛掌握好運100則	蕭京凌編譯	110元
㉜知性幽默	李玉瓊編譯	130元
㉝熟記對方絕招	黃静香編譯	100元
㉞男性成功秘訣	陳蒼杰編譯	130元
㊱業務員成功秘方	李玉瓊編著	120元
㊲察言觀色的技巧	劉華亭編著	130元
㊳一流領導力	施義彥編譯	120元
㊴一流說服力	李玉瓊編著	130元
㊵30秒鐘推銷術	廖松濤編譯	150元
㊶猶太成功商法	周蓮芬編譯	120元
㊷尖端時代行銷策略	陳蒼杰編著	100元
㊸顧客管理學	廖松濤編著	100元
㊹如何使對方說Yes	程　羲編著	150元
㊺如何提高工作效率	劉華亭編著	150元
㊼上班族口才學	楊鴻儒譯	120元
㊽上班族新鮮人須知	程　羲編著	120元
㊾如何左右逢源	程　羲編著	130元
㊿語言的心理戰	多湖輝著	130元
51扣人心弦演說術	劉名揚編著	120元
53如何增進記憶力、集中力	廖松濤譯	130元
55性惡企業管理學	陳蒼杰譯	130元
56自我啟發200招	楊鴻儒編著	150元
57做個傑出女職員	劉名揚編著	130元
58靈活的集團營運術	楊鴻儒編著	120元
60個案研究活用法	楊鴻儒編著	130元
61企業教育訓練遊戲	楊鴻儒編著	120元
62管理者的智慧	程　義編譯	130元
63做個佼佼管理者	馬筱莉編譯	130元
64智慧型說話技巧	沈永嘉編譯	130元

⑯活用佛學於經營	松濤弘道著	150元
⑰活用禪學於企業	柯素娥編譯	130元
⑱詭辯的智慧	沈永嘉編譯	150元
⑲幽默詭辯術	廖玉山編譯	150元
⑳拿破崙智慧箴言	柯素娥編譯	130元
㉑自我培育・超越	蕭京凌編譯	150元
㉔時間即一切	沈永嘉編譯	130元
㉕自我脫胎換骨	柯素娥譯	150元
㉖贏在起跑點—人才培育鐵則	楊鴻儒編譯	150元
㉗做一枚活棋	李玉瓊編譯	130元
㉘面試成功戰略	柯素娥編譯	130元
㉙自我介紹與社交禮儀	柯素娥編譯	150元
㉚說NO的技巧	廖玉山編譯	130元
㉛瞬間攻破心防法	廖玉山編譯	120元
㉜改變一生的名言	李玉瓊編譯	130元
㉝性格性向創前程	楊鴻儒編譯	130元
㉞訪問行銷新竅門	廖玉山編譯	150元
㉟無所不達的推銷話術	李玉瓊編譯	150元

・處 世 智 慧・電腦編號 03

①如何改變你自己	陸明編譯	120元
④幽默說話術	林振輝編譯	120元
⑤讀書36計	黃柏松編譯	120元
⑥靈感成功術	譚繼山編譯	80元
⑧扭轉一生的五分鐘	黃柏松編譯	100元
⑨知人、知面、知其心	林振輝譯	110元
⑩現代人的詭計	林振輝譯	100元
⑫如何利用你的時間	蘇遠謀譯	80元
⑬口才必勝術	黃柏松編譯	120元
⑭女性的智慧	譚繼山編譯	90元
⑮如何突破孤獨	張文志編譯	80元
⑯人生的體驗	陸明編譯	80元
⑰微笑社交術	張芳明譯	90元
⑱幽默吹牛術	金子登著	90元
⑲攻心說服術	多湖輝著	100元
⑳當機立斷	陸明編譯	70元
㉑勝利者的戰略	宋恩臨編譯	80元
㉒如何交朋友	安紀芳編著	70元
㉓鬥智奇謀（諸葛孔明兵法）	陳炳崑著	70元
㉔慧心良言	亦　奇著	80元

㉕名家慧語	蔡逸鴻主編	90元
㉗稱霸者啟示金言	黃柏松編譯	90元
㉘如何發揮你的潛能	陸明編譯	90元
㉙女人身態語言學	李常傳譯	130元
㉚摸透女人心	張文志譯	90元
㉛現代戀愛秘訣	王家成譯	70元
㉜給女人的悄悄話	妮倩編譯	90元
㉞如何開拓快樂人生	陸明編譯	90元
㉟驚人時間活用法	鐘文訓譯	80元
㊱成功的捷徑	鐘文訓譯	70元
㊲幽默逗笑術	林振輝著	120元
㊳活用血型讀書法	陳炳崑譯	80元
㊴心　燈	葉于模著	100元
㊵當心受騙	林顯茂譯	90元
㊶心・體・命運	蘇燕謀譯	70元
㊷如何使頭腦更敏銳	陸明編譯	70元
㊸宮本武藏五輪書金言錄	宮本武藏著	100元
㊺勇者的智慧	黃柏松編譯	80元
㊼成熟的愛	林振輝譯	120元
㊽現代女性駕馭術	蔡德華著	90元
㊾禁忌遊戲	酒井潔著	90元
52摸透男人心	劉華亭編譯	80元
53如何達成願望	謝世輝著	90元
54創造奇蹟的「想念法」	謝世輝著	90元
55創造成功奇蹟	謝世輝著	90元
56男女幽默趣典	劉華亭譯	90元
57幻想與成功	廖松濤譯	80元
58反派角色的啟示	廖松濤編譯	70元
59現代女性須知	劉華亭編著	75元
61機智說話術	劉華亭編譯	100元
62如何突破內向	姜倩怡編譯	110元
64讀心術入門	王家成編譯	100元
65如何解除內心壓力	林美羽編著	110元
66取信於人的技巧	多湖輝著	110元
67如何培養堅強的自我	林美羽編著	90元
68自我能力的開拓	卓一凡編著	110元
70縱橫交涉術	嚴思圖編著	90元
71如何培養妳的魅力	劉文珊編著	90元
72魅力的力量	姜倩怡編著	90元
73金錢心理學	多湖輝著	100元
74語言的圈套	多湖輝著	110元

國家圖書館出版品預行編目資料

塑造堅強的個性／坂上肇；李玉瓊譯
－－初版－－臺北市；大展．民85
面；　公分，－（社會人智囊；17）
譯自：もっと強氣になれる
ISBN　957-557-655-1（平裝）

1.自我實現（心理學）

177.2　85012123

MOTTO TSUYOKI NI NARERU!
by Hajime Sakajyō

Original Japanese edition
published by Longsellers Co., Ltd.
Chinese translation rights
arranged with Longsellers Co., Ltd.
through Japan Foreign-Rights Centre/
Keio Cultural Enterprise Co.,Ltd

版權仲介：京王文化事業有限公司

塑造堅強的個性

ISBN 957-557-655-1

原著者／坂　上　肇
編譯者／李　玉　瓊
發行人／蔡　森　明
出版者／大展出版社有限公司
社　址／台北市北投區（石牌）致遠一路二段12巷1號
電　話／(02) 8236031・8236033
傳　眞／(02) 8272069
郵政劃撥／0166955－1
登記證／局版臺業字第2171號
承印者／國順圖書印刷公司
裝　訂／嶸興裝訂有限公司
排版者／千兵企業有限公司
電　話／(02) 8812643
初　版／1996年（民85年）9月

定　價／180元